JN211975

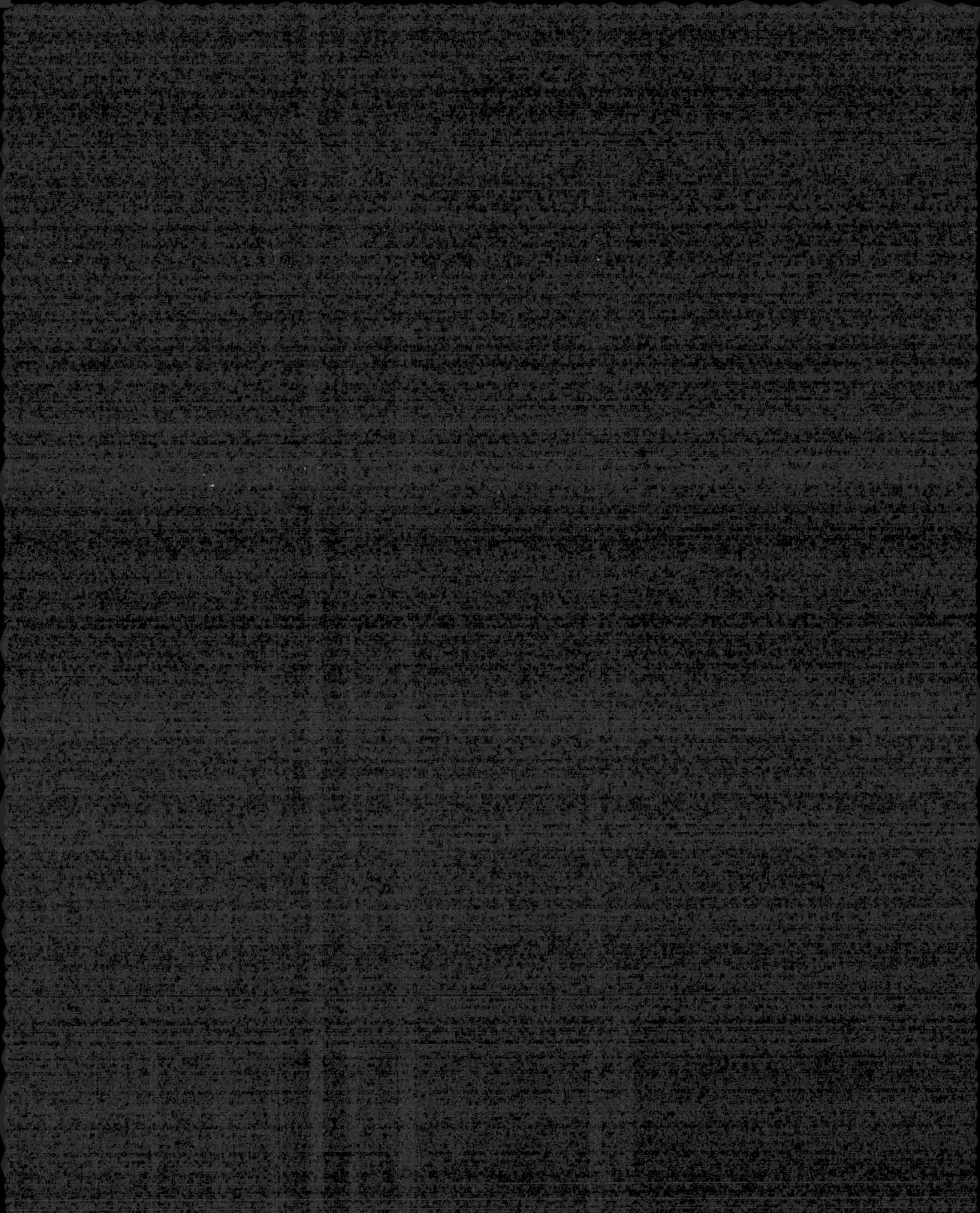

建築アイデア 大全**100**

未来を形づくる、
創造的な手法と思想

UNIVERSAL PRINCIPLES OF ARCHITECTURE

100 Architectural Archetypes, Methods,
Conditions, Relationships, and Imaginaries

クルス・ガルシア + ナタリー・フランコウスキー
WAI Architecture Think Tank

牧尾晴喜 訳

Nathalie Frankowski & Cruz Garcia
WAI Architecture Think Tank
Translated by Haruki Makio

Universal Principles of Architecture
100 Architectural Archetypes, Methods, Conditions, Relationships, and Imaginaries
by Cruz Garcia, Nathalie Frankowski

First published in 2023 by Rockport Publishers, an imprint of The Quarto Group,
100 Cummings Center, Suite 265-D, Beverly, MA 01915, USA.

Japanese translation published by arrangement with Quarto Publishing plc

The Japanese edition was published in 2025 by BNN, Inc.
1-20-6, Ebisu-minami, Shibuya-ku, Tokyo 150-0022 JAPAN
www.bnn.co.jp
Printed in Japan

目次

ARCHETYPES アーキタイプ

IMAGINARIES 想像力

序章

はじめに

本書は、建築が私たちの生活において果たす役割や重要性、さらにはその可能性について、広く一般の人々に届けるためのものである。住宅やマンションといったプライベートな内部空間から、都市や街を形づくる建物にいたるまでのさまざまな空間について考察する。建築は、私たちが互いに、そして環境とどのように関わるのかを大きく左右しているし、さらには世界についてどのように考え、どう対峙するのかという思考にも影響を与えている。本書では、木材やレンガ、モルタル、コンクリート、鉄鋼といった建築の物質的な表現だけでなく、アイデアや概念、認識、感性といった非物質的な領域にも着目している。

建築の意味・目的・実践は、文化的な文脈に応じて異なり、私たちが世界とどのように関わり、どんな想像を巡らせるかに応じて変化する。そのため、本書では「建築」という言葉を、構築された環境や破壊された環境、それに関連する建物や人工物、構造物との関係を扱うアイデア、概念、実践を指すものとして使用している。建築の役割が時代とともに変化するように、言語が異なれば、建築における職業や学問・知識・実践についてもさまざまな形で表現される。たとえば、アラビア語での「建築家」は「建物や構造物の技師」を、ヘブライ語では「神殿（あるいは重要な建物）の作業者」を意味する。また、ズールー語では、「建築家」にもっとも近い言葉は「空間の魔法使い」を表しているのだ。建築（アーキテクチャー）という言葉は、ラテン語に由来する古代ギリシャ語「アルキテクトン」、すなわち「主任建築者」に由来するが、本書において、私たちが理解するところの建築は、これらの言語での表現が登場するよりもはるか昔から存在していたこと、そして最終的には建築は人間だけの実践にとどまらない可能性がある、という前提に立っている。なぜなら、人間以外の種も自らの環境において構造物を作り、環境を変化させることに携わっているからだ。

「建築」という言葉と同様に、「ユニバーサル（普遍的）」という言葉もさまざまな意味を持ちうる。本書（英語版タイトル：『Universal Principles of Architecture』）においては、すべての人と場所に受け入れられるべきという従来のヨーロッパ中心主義的な意味ではなく、多元主義・包括性・アクセス可能性を重視して「ユニバーサリズム」という言葉を用いている。「ユニバーサル」を不変で絶対的なものとして捉えるのではなく、諸々の形を取り、多様な感性と方法をもって世界（および宇宙）を体験し、環境と相互作用し、他者と関係するものとして捉えているのだ。本書では、包括的で、総合的で、批判的で、想像的、（超）惑星的な「建築の100の原則」を提示している。これらの原則は、建築を考え、夢を見て、実践する人々の数だけ存在しうる、より長く成長し続けるリストの一部であるかもしれない。

本書は、建築、社会、生態学の交差点で機能する概念やプログラム、アプローチの語彙集として、長期にわたって参照されるドキュメントとなることを目指している。さまざまなスケールや文脈において、裏づけられた知識にもとづき、文化的に配慮した、創造的で豊かなデザイン決定を行うための手段であり、環境をより深く理解して関わるための文書であり、批判的な想像力を刺激するツールであるような本を想定している。建築に関心を持つ人を対象読者として想定しているが、建築に関わり、考え、設計し、作りあげる方法は無数にあるのだから、あらゆる人々に向けた本だと言えるだろう。建造環境のさまざまな側面について学び始めたばかりの子どもたちから、リファレンスを広げたい学生やデザイナー、専門家、そしてアイデアや運営・声明・プロセスとして建築を理解したいすべての人々にとって有益なものとなるはずだ。

本書の構成

本書は5つのパートに分かれており、それぞれが20の項目からなる。各パートは、建築の初期構想から、建造環境への影響についての考察、さらには世界を変革しようとする願望や理想にいたるまで、設計プロセスの異なる段階やスケールにおいて建築を扱っている。建築は、多くの知的分野、アイデア、形態、アプローチ、手法、感性、素材といったテーマを含む重層分野であるため、本書は、具体的・物質的であると同時に、概念的あるいは社会的な領域にも同等のスペースを割いている。建築のこの複雑な性質に応じて、本書は「アーキタイプ」、「手法」、「環境」、「関係性」、「想像力」の5つのテーマに分かれている。

最初のパート「アーキタイプ」では、建築が形づくられる際の基本的な概念やアイデアに焦点を当てている。建築における原型とは、構造原理、構成手法、構成要素となる各部材、美的価値である。

「手法」では、メディアの活用、素材の用い方、表現の技法やツール・戦略、設計・建設・解体プロセスに焦点を当てている。

「環境」は、文脈的、環境的、政治的、社会的、文化的な特徴に起因する現象に関連しており、それが建築のアイデアや実践にどのように影響を与えるのかを探る。このセクションでは、建築に影響を与える要素、また逆に建築が形づくる要因に焦点を当てている。

「関係性」では、感覚を通じて建築を体験する方法や、建築との社会的・生態学的な相互作用の形に注目する。また、建築が個人やグループのインターフェースとしてどのように機能するか、それに対してどのような配慮がなされるべきかにも触れている。

最後のパート「想像力」では、世界を見つめるための視点を提供している。「想像力」と

は、文化的、環境的、哲学的な原則に焦点を当てる概念であり、プロジェクトの現状や未来の条件を分析して推測する。特定の歴史的または社会的な文脈における建築の役割についての哲学、価値観、集団的な野望を指している。

本書の各項目には、コラージュ手法を用いて構成された画像・図・またはダイアグラムが添えられており、各項目に対して物語的なサポートを提供している。このように、画像とテキストの関係は、建築におけるアイデアや概念と、それを表現するためのツールや戦略との関係に似ている。巻末には、各項目の内容をより深く理解するために役立つ用語集と、簡単な説明が掲載されている。

テキスト・画像・図・ダイアグラムの組み合わせにより、本書は建築という実践や思考法と同様に、アクセスしやすく、かつ広がりを持つものとなっている。読者が、建築によって形づくられる世界、そして社会的、政治的、文化的、環境的、哲学的な力によって変容する建築と対話するための一つの手段として、本書を活用してくれることを願っている。

● **ARCHETYPES**

■ **METHODS**

▲ **CONDITIONS**

◆ **RELATIONSHIPS**

❖ **IMAGINARIES**

この本は、最初から、後ろから、あるいはどのページのどの項目から読んでも良い。
各パートには、以下の幾何学的形状が添えられている。
● アーキタイプ　■ 手法　▲ 環境
◆ 関係性　❖ 想像力
本書の画像は、建築でもよく使われる手法であるコラージュを用いて作成されている（p.64「コラージュ」参照）。p.1-2のコラージュは、本書で紹介されている各項目の要素を集めて作成されている。

立体のアーキタイプ

シンプルな幾何学形状とその組み合わせによる建築

立体のアーキタイプ（原型）はシンプルな三次元の形状の中に、用途、プログラム、空間を収めることができるものであり、古代から現代までの歴史を通じて見られる。その空間的なスケールには幅があり、家具やおもちゃといった小さな建築的工芸品としてデザインされることもあれば、巨大な建物や都市として設計されることもある。

種類

- **キューブ**（**立方体**）は6つの正方形で囲まれた立体であり、ここでは中身が詰まっているか空洞であるかは問わない。幾何学上の定義とは異なり、建築物としてのキューブは必ずしも厳密な立方体とは限らない。外観を決定する重要な要素となるのは、そのスケールや遠近感だ。
- **スフィア**（**球体**）は横から見ると円形に見える丸い形の立体的な構築物であり、その表面上のすべての点が中心から等距離にある。スフィアという形状は、浮遊したり、空気で膨らんでいたりする構造物に最適である。地面に固定するために構造要素を追加する、全体から一部を切り取る（半球状のドームとする）といった方法で、構造の安定性を確保する。
- **ピラミッド**（**角錐**）は多角形の底面と傾斜した側面からなり、頂点で合わさっている幾何学的かつ立体的な形である。他の立体のアーキタイプと同様に、特定の決まった向きはないので、任意の面や端部を底面として（地面に接するようにして）構築できる。切頭ピラミッド（上部を切り落とした、横から見ると台形に見えるピラミッド）のようなバリエーションでデザインすることも可能だ。
- **コーン**（**円錐**）は円形の底面からある一点に向かって先細りする構造物である。ピラミッドと同じく、コーンもさまざまな向きで設置できる。構造物に光や水を取り込む際に、コーンの形状が使われることもある。
- **シリンダー**（**円柱**）は平行な2つの円（上面と底面）と、それらをつなぐ側面からなる。穀物サイロやエレベーターといった例が挙げられる。

応用

立体のアーキタイプは建築において広く用いられている。単独でデザインされることもあれば、同じ形状や異なるものの集まりとしてデザインされることもある。立体のアーキタイプの一つを手がかりとして、ピラミッドを乗せたキューブやコーンが突き刺さったスフィアのように、より複雑なデザインとして展開される場合もある。立体が特定の文脈において個性的なアイコン（文化的価値の高い建物）となったり、大規模なシステムの一部として都市の様相そのもの（立方体で構成される都市）になったりすることがある。

註：立体のアーキタイプは、基本的な形体によって成り立っている。任意の向きに配置したり、複数を組み合わせたりすることもできる。歴史的にも、さまざまな文化で多数の建築物や構造物が立体のアーキタイプとして設計されてきた。
図：建築物を立体のアーキタイプで構成できる。たとえば、スフィアやコーン、シリンダーといった形状の建物や、キューブの上に小さなキューブとスフィアを組み合わせる、といったことも可能だ。

空間操作のアーキタイプ

足し算、引き算、
その他の手法による空間のデザイン

空間操作のアーキタイプは、空間全体を形づくる方法を示すものであり、足し算、引き算、貫通、分節、入れ子（二重・三重の構成）、圧縮、拡張などが挙げられる。その効果によってさまざまなものを変化させることができ、たとえば、光の広がり、音の伝播、身体と建築の関係性、視覚的および物理的なつながり、風の流れ、ある空間から空間への動線といった要素を変えられる。

種類

- **足し算**では、既存の空間に形や要素を付加する。空間を広くするだけでなく、開口部（窓や扉）、移動のための空間やプログラムといった新たな特徴や表現を加えることができる。
- **引き算**は、デザインから特定の要素を取り除くことによって、空間に新しい効果を生みだす。壁などの物理的なオブジェクトを取り除くことや、さらに大きなスケールでいえば、建物の一部においてボリュームそのものを削り取って中庭を作ることがこれにあたる。
- **貫通**は、ボリュームや空間を別のものの中に挿入することである。空間的な貫通を行うことで、デザイン内部に道や窓、さらには視覚的または聴覚的なつながりを作ることが可能となる。
- **分節**は円形の底面からある一点に向かって先細りする構造物である。ピラミッドと同じく、コーンもさまざまな向きで設置できる。構造物に光や水を取り込む際に、コーンの形状が使われることもある。
- **入れ子**では、大きな空間の中に別の空間を作りだす。たとえば、ホールをさらに大きな空間の内部に挿入することや、開放的な空間の内部に閉鎖的な部屋を作ること、あるいはその逆で閉鎖的な空間の内部に開放的な空間を生みだすこともできる。
- **圧縮と拡張**は、開放的で広々とした空間へとつながる、狭くて凝縮された親密な空間を設けることである。空間の光と音響特性によっても同様の操作ができる。狭くて暗い通路から、天井が高くて広々とした明るい部屋に入るときに、圧縮と拡張を体験することになる。

応用

建築プロジェクトには、上記の空間操作のアーキタイプのうちのどれか、あるいは複数を取り入れることができる。建築の機能にとって望ましい効果をもたらすために利用することも可能だ。

図：空間操作のアーキタイプには、次の6つが含まれる。（上段左／右）立方体のボリュームに球体のボリュームを足す／大きな立方体から小さな立方体を引く（中段左／右）直方体のボリュームに球体のボリュームが貫通する／空間を壁で分節する（下段左／右）入れ子／大きなドームに通じる狭い通路の断面（圧縮と拡張）

003

空間構成のアーキタイプ

中心性、軸性、ネットワーク、レイヤー、スタッキングによる建築

空間構成のアーキタイプが着目しているのは、空間、デザイン要素、プロジェクト群がどのように構成されているか、整理されているか、ということである。デザイン要素、空間、配置、コンテクスト（周辺環境）といった関係性の結果として見ることができる。

種類

- **中心性**は、デザインにおける主要な空間や要素の配置である。建物、アーティファクト（人工物）、ランドマークといったものの場所が、コンテクスト、そのデザインにおける特定の要素の重要性や顕著さ、空間内で目を引く場所とどのように関連しているかを指す。
- **軸性**は、要素や空間同士の明確な視覚的、空間的、物理的つながりに焦点を当てている。建築のプロジェクトでは、窓、扉、ボリュームなどが建物内の特定の軸に沿って配列されることを指しており、都市のスケールでは、建物やランドマークが明確に整列している状態を指す。
- **ネットワーク**は、相互につながる要素に内在するシステムである。小さなスケールでは、空間内の要素（柱）が大きなシステム（構造グリッド）を形成することなどを指している。都市のスケールであれば、建物、ランドマーク、交通インフラ（歩道や車道など）からなる都市の構造を示す。制限されていて明確な形が決まっているように見えるものもあれば、ランダム性をシミュレートしているようなものもある。
- **レイヤー**は、要素や空間を利用して、一連の集まりや連続性を作りだす。具体的な空間や、形を持つ要素とは異なる、空間的あるいは感覚的な特性から生じる（たとえば不透明性、透明性、スケール、光、嗅覚、音など）。
- **スタッキング**は、ボリューム、空間、人工物の積み重ねを意味している。形式的、空間的、構造的な効果を持ち、他の空間構成のアーキタイプと同様に、さまざまなスケールで実現される。

応用

中心性、軸性、ネットワーク、レイヤー、スタッキングは、明確な範囲が決まっている手法ではなく、さまざまな組み合わせで使うことができ、これまでにも使用されてきた。住宅内から都市まで多様なスケールで適用可能だ。建築の歴史を通じて、空間構成のアーキタイプは、内部空間の構成から建物の構造部材の配置、都市計画にいたるまで、さまざまな方法やスケールで用いられてきた。建物内でもっとも重要な要素を明確にするための中心性、空間に秩序とヒエラルキーの感覚を作りだす軸性、異なる空間同士の関係を確立するネットワーク、デザイン内で連続性を生みだすレイヤー、プロジェクトにおいて形状にダイナミズムを実現するスタッキングが例として挙げられる。

図：異なる空間構成のアーキタイプを示す5つのレイアウトのアイソメ図。（上段左／右）中心性／軸性（下段左／右）ネットワーク／レイヤー、スタッキング

スクエアのアーキタイプ

囲まれた／核を持つ／支配的な／グループ化された／不定形なオープンスペース

スクエア（広場）という言葉は、ここでは幾何学的な形状（正方形）の意味ではなく、構造物、要素、建物によって囲まれてできる空いたスペースを指す。建物、街、都市を形成する都市構造からみれば、スクエアとはヴォイド（空白部分）であり、広場と呼ばれる。スクエアは異なる文化、時代、環境で見られ、街がどのように構成されているかという結節点を具体的に示している。都市における広場の役割として挙げられるのは、動線をまとめる結節点、より大きな公共オープンスペースのシステムの一部、（重要な建物、アート、遺跡、樹木、イベントといった）要素をつなぐ重要な場所、分散または蓄積した権力の象徴、などである。

種類

- **囲まれたスクエア**とは、都市構造や建物に囲まれたさまざまな広さの領域のことである。店舗やレストランで囲まれていることが多く、社交、リラックス、運動、集会、抗議といった活動のために人々が集まる。
- **核を持つスクエア**は、オブジェ、アート、記念碑、構造物のあるオープンスペース。囲まれたスクエアの自由な雰囲気とは対照的に、中心がある。
- **支配的なスクエア**には、著しい象徴性やスケールを持つ重要な人工物がある。宗教や政治の祭事、コミュニティの行事に使用される。
- **グループ化されたスクエア**とは、いくつかのつながっているスクエアの組み合わせから生じるヴォイドである。さまざまな度合いのプライバシー、可視性、照明、通風からなる空間的なつながりを作りだせる。
- **不定形なスクエア**とは、明確に定義や線引きをされてないオープンスペース。建物のあいだの不規則な空間や余った土地であったり、意図的に不明瞭な形やさまざまな空き地を組み合わせて設計されたりする。

応用

「スクエア」には、英語で「正方形」という意味もあるが、広場としてのスクエアが必ずしも正方形とは限らない。よく見られる幾何学形状には、円、長方形、三角形、多角形がある。スクエアがその周囲に良い影響を及ぼすかどうかは、その広さとアクセスのしやすさ、開放性、視認性、日陰の有無、暖かさ、周囲の建物用途といったさまざまな要因による。都市のスクエアで行われる活動として、コンサート、ファーマーズマーケット、アートフェア、お祭り、政治集会、自然発生的なイベントなどがある。異なる種類の広場を隣同士に配置して空間的な連続性を作りだしたり、異なる種類の広場を用いて回遊性のあるパターンを生みだしたりすることも可能だ。

註：ポール・ズッカーの著書『都市と広場：アゴラからヴィレッジ・グリーンまで』（1975年、加藤晃規・三浦金作 共訳、鹿島出版会）によると、都市の文脈におけるスクエアのアーキタイプは、さまざまな要素に呼応しているという。周囲の建物や構造物の形状との関係、それらの建物の均一性や多様性、周辺エリアの寸法と比較した際の大きさやプロポーション、入り口となる通りや路地の角度、記念碑や噴水・鐘楼といった立体的な特徴との位置関係、などである。
図：（上段左／右）囲まれたスクエア／中央に赤い塔の核を持つスクエア（下段左／右上／右下）青い立方体がある支配的なスクエア／グループ化された3つのスクエア／さまざまな形状の空間からなる不定形なスクエア

メガリスのアーキタイプ

ドルメン、イヌクシュク、メンヒル、その他の石組による構造

メガリス（巨石）のアーキタイプは、単独の構造体、または複数の構造体が集合したものであり、自立する石、山のように積み上げられた石、積層された石、ありのままの石、彫刻された石として設置される。これらのアーキタイプは、埋葬地の目印、天文学の方位、領域の境界の示唆、コミュニティと環境の関係の強調、景色の縁取り、土地における地形的な特徴の強調など、さまざまな目的で使用される。装飾、（測量などの）三角法、天文学、現地の材料、社会的な慣習、精神的な価値観、神話といった知識を統合して表現される。

　多くの大陸で見られるこれらのアーキタイプは、記録に残るもっとも初期の建築形式の一つであり、具体例としては、イギリスのストーンヘンジ、イースター島のモアイ像、アメリカ大陸各地のケアン、韓国西部の支石墓群などが挙げられる。

種類

- **ドルメン**（支石墓）は巨石による単室の構造体で、ポータル（シンプル）、グレート、多角形型、長方形型（拡大型、延長型）などがある。シンプルドルメンには部屋が一つだけあり、2〜3個の巨石で構成されることが多い。グレートドルメンはその大きさが特徴であり、多角形型ドルメン、長方形型ドルメンはそれぞれ名前通りの平面を持ち、側面には直立した石があり、屋根石が一枚あるいは複数ある。
- **イヌクシュク**は、大きめの石を垂直や人型に積み上げたものであり、北極の先住民が、移動のための標識、神聖な場所の目印、土地の境界として使用した。
- **メンヒル**は、直立した大きな石で、記念碑や目印として使用された。フランスのカルナック列石やイギリスのストーンヘンジがこれにあたる。
- **ケアン**は石の積み重ねによって作られた塚で、通常は目印や記念碑として使用された。コートケアンは長方形の部屋の一方に入り口があり、この部屋を囲むように、埋葬などの目的に使われる一連の小さな部屋が配置されている。

応用

歴史的に繰り返し建設されたメガリスについての文献は十分ではないものの、現代の建設技術でも、石組の構成や構造を、別の方法や異なるスケールで向上させることが可能だ。他の素材であっても、メガリスの伝統的な石の使い方を応用すれば、その堅牢さや重さを印象づけることができる。さらに、新しい形状、構成、配置により、動線、集会、儀式、環境との関係といったことに適した空間の構成が可能になる。

図：大きな石を組み立て、積み重ね、配置することで、さまざまな形を作りだすことができる。メガリスのアーキタイプとして、他には北アフリカのチュニジアの岩窟墓、カリブ海のタイノ族によって建設されたバテイの球技場の目印などがある。

006

ウィトルウィウスのアーキタイプ

秩序、構成、適切、比率、対称、経済

ウィトルウィウスのアーキタイプと指標は、紀元前1世紀にローマの建築家ウィトルウィウスによって記述された一連の理想的な建築原則である。ウィトルウィウスにとっての建築は、他の科学から生まれた科学であり、他の芸術から発生した芸術でもあった。したがって、すべての建物は技術的ならびに美的な両方の期待に応える必要があった。

建築についての包括的な論説の発表において、ウィトルウィウスは優れた設計（よい建物）と建築の特性として、堅牢性または構造の安定性「強」、実用性または機能「用」、喜びや快さ「美」の3要素を主張した。ウィトルウィウスによると建築芸術は6つの基準で構成されており、それらは2つの主要テーマ、すなわち技術的なもの（秩序、構成、適切）と美的なもの（比率、対称、経済）に分けることができる。

種類

- **秩序（オーダー）**は、一つの作品における構成要素の間の比率であり、対称性における全体の比率バランス（部分と全体の関係）でもある。
- **構成（コンポジション）**は、建物の適切な特性を考慮しながら、そのすべての部分の配置と建物自体の心地よい効果を可能にする。平面図、立面図、透視図の3つの要素に分類できる。
- **適切（コレクトネス）**は、機能や伝統に適した建物の形態を意味する。
- **比率（プロポーション）**は、建物の各部分が正確かつ規則的に呼応することによる心地よい調和である。すなわち高さと幅、長さ、そしてこれらの各部分と全体の調和。
- **対称（シンメトリー）**は、比率から派生するもので、さまざまな部分のサイズを互いにそして全体に適合するための調整である。ウィトルウィウスによれば、優れたデザインの建物には対称性と比率が必ずある。
- **経済（エコノミー）**は、資源と敷地を効率的に管理する美徳であり、そして作業費用やプロジェクト進行を慎ましく忠実に監修することである。

応用

堅牢性（強）の現代的な例としては、建築の自然要素への耐性や、一般的な耐久性が挙げられる。実用性（用）は、建物が時の試練に耐えながら目的に応じて機能するとともに、快適で住みやすく設計されていることである。建築における快さ（美）の概念の現代的な応用として、視覚的に魅力がある建物を創造すること、触感が心地よい素材を使用すること、楽しさを感じられる特徴を組み込むことなどが考えられる。

図：秩序、構成、適切、比率、対称、経済は、ギリシャのアクロポリスのいたる所で、柱やディテール、配色、建築要素、全体の構造、さらには都市の配置にも見出すことができる。

フィギュラティブのアーキタイプ

何か他のものを象徴する形や姿

フィギュラティブ（具象表現）のアーキタイプは、意図的に特定の形や姿に似せた構造物、建築物、人工物である。これらの作品は、構造、ファサード、色、装飾、素材のデザインによって、生物や、無生物の物体、なんらかの存在、概念といった多様な形を取ることがある。他の多くの建築の形と同様に、さまざまな目的のために作られ、建築内部の機能に関係するものもあれば、外観のみに焦点を当てている場合もある。

種類

- **反応的なフィギュラティブ**では、構造の姿形が、その使用法や用途と明らかに対応している。象徴的な外部形状によって、建物内部の活動を伝えようとするものだ。たとえば、アヒルのような形をしていてアヒルと卵を売る建物、カゴのような形をしたカゴを製造する工場、本の山のような形をした書店などが挙げられる。
- **自律的なフィギュラティブ**は、建物の用途、機能、使用法がその具象的な形と無関係な場合である。このタイプでは、建物の外観と内部機能、構造、空間の割り当てのあいだに著しい乖離がある。例としては、ギターを模したオフィスビルや、コンピュータが製造されているレモン型の建物などがある。建物の用途が当初計画から変更された結果として、もしくは建物の外部形状と内部を分けて考えるという意図的な試みの結果として、このような相違が生じている。用途を隠す手段やカモフラージュとして使用されることもある。

応用

フィギュラティブのアーキタイプは、18世紀の多くのフランス建築を指して「語る建築」（architecture parlante）と呼ばれ、また、建築家のロバート・ヴェンチューリは（ニューヨークのロングアイランドにあるビッグダックにちなんで）「ダック（あひる）」と呼んだ。

　その目的として挙げられるのは、認識しやすい建物や用途を伝えるシンボルを作ること、構造とそれを見る者の対話のためのコミュニケーションデバイスとして建築を使うこと、などだ。自律的なフィギュラティブを使えば、独特で目に留まりやすいシンボルやアイコニックなデザインを設計することができる。集合的な視覚効果を生みだしたり、デザイナー、建設業者、クライアントの個々の要望あるいは集団の希望に応えたりするために、複数のフィギュラティブな構造物をまとめて設計することもある。

註：「語る建築」は、形やディテールによって、機能やアイデンティティを説明する建築である。この言葉はもともと、クロード・ニコラ・ルドゥーおよび同時期に活動した2人の建築家（エティエンヌ・ルイ・ブーレーとジャン・ジャック・ルクー）の作品を説明するために使用された。
図：フィギュラティブな建築物には、あらゆる素材、姿、文脈のものが存在しており、歴史を通じて多様な目的に利用されてきた。たとえば、（図の左から右に）ギザの大スフィンクス、ジャン・ジャック・ルクーによる牛の形をした牛舎、湄潭県（中国）にある「天下第一壺」（中国茶道体験館）、ニューヨークのビッグダック、ハイデラバード（インド）の国家漁業開発庁、オハイオのバスケット会社であるロンガバーガーの旧本社ビルなどがある。

008

ハードコアのアーキタイプ

形状の純粋な探求として設計される建築

ハードコアのアーキタイプは、大胆で認識しやすい形状を特徴とする構造や建築を指す。その名前のとおり、もっとも純粋で基本的な形状を意味しており、設計者やエンジニアによる形状の探求の結果として生まれることが多い。技術、素材、空間についての知識を組み合わせることで、設計者はスケール、用途、プログラム、場所、素材にとらわれることなく、一貫性のある形をした建物を生みだすことができる。立体のアーキタイプが、ピラミッド、コーン、キューブ、シリンダーといった基本的な形を持つ建物に焦点を当てるのに対し、ハードコアのアーキタイプは基本的な形から逸脱し、建築構造に無限の複雑性をもたらす。

種類

- **逆ピラミッド**は、ピラミッドを逆さまにしたような形である。地上では四角形または三角形の平面形状で、上部が広がっており、屋根は地上部分よりも大きな構造である。
- **巨大フォント**あるいは都市のタイポグラフィは、単独で一文字、あるいは組み合わせると略語や完全な名前のつづりになるような構造や建物である。数字、記号、さまざまな言語の文字の形となることがある。
- **スペレオテム**（鍾乳石）は、上に向かうにつれて先細っている建物群であり、台形の塔や、頂部が湾曲した円錐形の構造がこれにあたる。石筍や鉱物の形成物のように、厳密に同じではないがグループと認識される程度には似ているもので構成される。
- **スタックボックス**は、互いの上もしくは隣り合わせに配置されているように見えるボリュームからなる構造物である。これらの「ボックス」には別々のプログラムが入ることもあれば、内部空間が連続していることもある。スタックボックスは水平または不規則なクラスター、あるいは垂直方向の積み重ねで表現される。
- **ループ**は、1階と最上階で2つの塔を繋ぎ、連続的なループの形状に見えるようになっている。その名前が示すように、これらの構造物は単純に垂直に上下するのではなく、メビウスの帯やループに似た形状である。

応用

文化的な意味を持つ単一のシンボル、あるいは経済、社会的、政治的権力を誇示する構造のクラスターといったように、ハードコアのアーキタイプは歴史上のさまざまな場面で使用されてきた。材料科学、エンジニアリング、建設方法が進化するにつれて実現可能となる。プログラム、用途、素材、環境から切り離して形状を考えられるため、ハードコアのアーキタイプはパブリックアート、住宅、オフィス、空港、工場など設計者が考えうる幅広いプロジェクトのデザインに利用されている。

註：ハードコアのアーキタイプの適用範囲は無限であるものの、実際に建設、提案、想像された建物形状によって形成されたカテゴリーである。詳細については、著者による『Pure Hardcore Icons: A Manifesto on Pure Form in Architecture』（2013年、Artifice Books on Architecture）とフランソワ・ブランシアックによる『Siteless: 1001 Building Forms』（2008年、MIT Press）を参照。
図：ハードコアのアーキタイプは形状によって分類することができる。アルファベットの文字をつづるようにデザインされているもののほか、ループ状の塔、スタックボックス、スペレオテムとして設計されたものがある（MVRDV、モシェ・サフディ、ヘルツォーク＆ド・ムーロン、JDSアーキテクツ、BIG、オッペンハイム・アーキテクチャー、アイゼンマン・アーキテクツ、ハンス・コンヴィアルツ、スタンダードアーキテクチャーの建物など）。

近代建築の5原則

ピロティ、屋上庭園、自由な平面、
水平連続窓、自由な立面を設計する

近代建築は、鋼やガラスなどの新素材、伝統的な装飾要素の排除、工業生産と住宅の大量供給といった課題に直面してきた。その基本的な理念となる5原則がル・コルビュジエによって提唱され、従来の建築は「モダニズム・デザイン」へと導かれた。都市の急速な変化と人口増加による建築的な課題への対応が必要となる中、5原則は産業技術を活用することを推し進め、大量の住宅供給に必要となる基本的な体制が構築された。

種類

- **ピロティ**は、柱で持ち上げることによって建物を地面から解放し、建物の下に広い空間と採光を確保したものである。従来の基礎や壁の代わりに独立基礎と柱を用いた形式であり、部屋を地面の湿気から守ると同時に、住宅の下に庭が設けられた。
- **屋上庭園**は、全面を住まいの一部として利用できる、平らな屋根である。モダニズム建築の象徴である鉄筋コンクリートを用いた屋上庭園は、蓄熱体として室内温度を調節することで建物を外的要素から守るとともに、土壌を雨水収集に活用している。
- **自由な平面**は、平面計画において、建物の構造を支える柱を活用したものである。従来の構造壁の代わりに柱が天井を支えることで、機能や意匠のニーズに応じて、内部空間の間仕切りを自由に配置することができる。
- **水平連続窓**は、すべての部屋に光を取り込み、開放感をもたらす。それまでの構造壁を排除して自由に配置した柱で建物を支えることにより、支持材間のスパンでの水平窓が可能となった。
- **自由な立面**は、デザイナーが伝統的な建築のルールに縛られず、建物の外装を自由に設計できることを意味する。建物の構造が外壁とは別になっているため、窓やドア、バルコニーといった開口部は建物内部との直接的な関係なしに、任意の寸法に設定できる。

応用

5原則は当時の美学に基づいて提唱された。しかしながら、工業生産と建設プロセスの関係は今日でも有用であり、原則をさまざまな組み合わせや多様な規模、さらには住宅以外の用途の建物に適用するといった工夫をすることが可能だろう。

図：コルビュジエがサヴォア邸（図中の左奥）で提唱した5原則は、今日のプロジェクトにも適用できる。柱で建物を持ち上げたり、水平連続窓やその他の窓を自由に配置したり、構造に関係なく部屋を自由に計画したり、屋上庭園を導入したりと、これらの原則を全部、あるいは部分的に取り入れた設計が可能だ。

ノン・ソリッド・アーキテクチャー

従来の固体材料で作られていない建築

すべての建物が、レンガ、コンクリート、鋼材、木材でできているわけではない。流体や空気、光や音を使用して、固体の表面部分を最小限に抑えた構造もある。このように非固体材料を用いた構造、空間の建築は「ノン・ソリッド・アーキテクチャー」と呼ばれている。固体材料を使用した従来の建築空間よりも、雲の中や雨降りの日のイメージ、あるいは両目を閉じて洞窟に入るといった体験に近い。

種類

- **物質的なノン・ソリッド・アーキテクチャー**は、これまでにない素材（主に液体や気体）を用いて空間の状態を作りだす。これらの構造は、気圧や水蒸気圧、空気や水の流れ、結露、降水、光の強さなどの特性を調整する建物要素が追加で必要となることが多い。こうした物理的な実態を持たない建築の例として、水滴を利用した雲に包まれているような空間、さまざまな空気密度を生成する霧発生装置、（色のついた）光線などで作られた構造がある。
- **体験的なノン・ソリッド・アーキテクチャー**とは、視覚的な特性を超えた、五感の相互作用を促進する構造や空間のことである。こうした建築は、音や香り、温度条件、またはそれらの組み合わせの体験をデザインすることで作られる。たとえば、異なる香りがただよう一連の庭園や、音響が変化する空間が挙げられる。その他には、人工物の素材や触り心地、身体感覚を意図したハプティック（触覚的）なデザイン要素も含まれる。

応用

ノン・ソリッド・アーキテクチャーを作るときには、実験的あるいは実用的な理由など、さまざまな意図があるかもしれない。実験的な理由としては、具体的で認識可能な形態を持ちながらも、敷地に跡を残さない空間の設計などが考えられる。これらの空間は、アート・インスタレーションや科学実験の一環として作ることができるだろう。一方で実用的な応用としては、さまざまな形の感性や世界を体験する（非視覚的な）方法を実現するような空間を作ることが考えられる。

図：ディラー・スコフィディオ＋レンフロによるヌーシャテル湖の「ブラー・ビルディング」では、霧によって雲を形成する居住可能な足場を設計することで、ノン・ソリッド・アーキテクチャーを作りだしている。画像奥にある山の背後の赤い雲のように、色を取り入れることもできる。

011

ヴォイド

彫る、掘る、埋めるなどの建築的な引き算

ヴォイドはアーキタイプであると同時に、建築的な操作でもある。一般的な建築が柱などの部材を組みあげて「建てる」ことによって空間をつくる行為であるのに対して、ヴォイドは構造物や塊からその一部分を「取り除く」ことで居住可能な内部空間を作りだすことである。材料の引き算によって建築を構築すること、あるいは負の空間としての建築である。このような内部空間は、掘削、除去、穿孔、掘削、切断、減算、刻み、掘り込み、トンネル、深入り、穿刺、切り裂き、圧砕、裂け目、移植の結果として生じる。建築ではボリュームを追加して居住空間を構築することが多いが、ヴォイドでは、ボリュームの削減と要素の排除によって居住のための建築が生まれる。

ヴォイドの表現は、世界中に数多く存在する。各国における古代の寺院、記念碑、カタコンベ、住居、宮殿、スピリチュアル・アイコン、要塞、城、地下壕から、ヴォイドに対する細やかな配慮と建築的な知見を見て取ることができる。典型的なヴォイドの例として、中国河南省の龍門石窟、エチオピアのラリベラ岩窟教会、インドのアジャンタ石窟、アメリカのメサ・ヴェルデ国立公園のプエブロ崖住居、トルコのリキア岩墓、ヨルダンのペトラ都市が挙げられる。

種類

- **岩壁のヴォイド**は、山の斜面や崖の岩から削りだされた建築である。構造を独自に作ることもあれば、鉱山、水道橋、トンネルなどの既存インフラを利用して作ることもあり、柱、開口部、装飾、文化的・精神的なシンボルのように、一目でわかる建築的特徴を持つものもある。また、張りだした岩の下や、生い茂る植物に隠れているなど周辺環境と一体化しているものもあり、見つけるのが困難である。
- **地下のヴォイド**は、地下の土や岩を掘削することで作られた建築である。敷地の外観を損ねることなく、居住空間を設けられるほか、地盤が支持構造として働くため、建設資材の量を抑えることができる。

応用

構造物の質量は、内部空間の温度調節によい効果をもたらすことができる。ヴォイドのアーキタイプは、気象や自然現象によるダメージ、外敵を防ぐとともに、山中や地下での居住という文化的、神話的な物語を連想させる。

現代建築においては新しい建設技術の発達により、岩や地下にヴォイドを作るだけでなく、トンネル、鉱山、地下壕、その他の多くの遺構に住むことができる。

図：中国の龍門石窟、エチオピアのラリベラ岩窟教会からアメリカのプエブロ崖住居にいたるまで、世界中で山や地面の大きな岩面を掘削し、彫刻することで建築が形成されてきた。

012

装飾

建築における装飾（オーナメント、デコレーション）とは、装飾的な要素を使用して、人工物、空間、建物、構造に美的特性を付加することである。世界中の多くの文化において、装飾は建築に欠かせないものであり、知識の表現でもある。装飾的な役割に加え、境界、光の制御、温度管理といった大気現象に対応する技術、構造、性能上の役割を持つ建築要素として建物に統合されることがある。

装飾は、純粋に美しさや職人技を表現するために使われる場合もあれば、神話的、精神的、政治的、歴史的な意味を持つこともある。文化によって、建築にあしらわれる装飾の素材は異なる。一般的な材料は木材、石、金属、ガラス、コンクリート、ビーズ、そして最近では3Dプリントされた繊維や複合材が含まれる。

建築における装飾には、建物に装飾的な要素を追加するというだけのシンプルなものから、世界的に有名な建築物に見られる複雑で精巧なデザインにいたるまで、多様な形を取る。装飾が施された歴史的な建築物の例としては、マリの泥のモスク、メキシコのピラミッドであるチチェン・イッツァ、ギリシャのパルテノン神殿、インドのタージ・マハル、フランスのヴェルサイユ宮殿、サウジアラビアのマスジド・ハラーム（メッカの大モスク）がある。1103年に中国の建築家、李誡によって著された『営造法式』は、建築と工芸に関する技術書である。中国における伝統的な建築知識について詳細に記載されており、とくに装飾的な要素に重点が置かれている。

種類

- **ファサードの装飾**は、特定の文化的な物語や価値観を伝える視覚的特徴となることもあれば、建物の環境条件を調整する技術的な要素として機能することもある。たとえば、日光を遮蔽したり、通風を調整したりするのにも役立つ。
- **構造に施された装飾要素**は、不完全な部分を覆い隠す、構造を強化する、情緒的な要素を追加するなど、さまざまな目的に寄与する。
- **内部の装飾**は床、壁、天井といった建物の要素に施され、空間に個性を与えたり、個人、集団、場所の文化、歴史、美的価値を反映したりすることができる。照明、家具、器といった人工物にも装飾が施されることがある。

応用

歴史的に見ると、装飾は多くの労力を必要とするものだった。しかし今では、機能的な装飾を建築に取り入れる際に役立つような新しい技術（建設、組立、生産、カスタマイズ）が発展しており、装飾の応用、組み合わせ、導入がより簡単になっている。

図：装飾は現代的または伝統的な構造、インテリア、家具のディテールや仕上げといったように、さまざまなデザイン要素に施すことができる。抽象的な幾何学的模様や自然のモチーフをもとにした装飾もある。

013

メガストラクチャー

陸上、水中、空中、宇宙、惑星外に存在する巨大な構造

メガストラクチャーは、都市に必要なすべての設備や公共施設が一つの建築形状の中に含まれているものである。都市は多様な個別の建築要素から成り立っているが、メガストラクチャーはさまざまな都市的条件を一つの統合された建築として集約している。ほとんどの都市には明確な境界線がないが、メガストラクチャーには単一の建物と同じように、明確に定義された境界がある。多くの建築家や都市計画家の計画に取り入れられてきたほか、神話やSFの世界にも登場する。四面体、ドーム、球体といった形の内部に都市が設計されたり、巨大な飛行船やクルーズ船として空や海に浮かべられたりするなど、各種の形を取る。

種類

- **陸上のメガストラクチャー**は、陸に固定されているか、あるいは陸上を動く建物の内部にある都市である。単一の外殻、構造、システムの中にすべてのプログラム、活動、空間、インフラが統合されている。地上の大気現象や季節とは異なる、独自の気候条件を作ることを目指しているものもある。
- **水中のメガストラクチャー**は、海上に浮かんでいるか、または海中に沈んでいる巨大な構造物で、さまざまなプログラムが含まれる。油田の海洋プラットフォーム、浮遊都市や浮遊島、巨大潜水艦といった施設が挙げられる。
- **空中のメガストラクチャー**は空を飛行または浮遊する能力を持ち、都市の多様なプログラムを一つの建築形態に内包する巨大な構造である。飛行船や大型気球、スタジオジブリのアニメーションやルネ・マグリットの作品に見られる天空の城などがその例だ。
- **宇宙のメガストラクチャー**は、宇宙空間に建設された大型の人工構造物。SF小説などに登場するダイソン球やリング・ワールド、『スタートレック』のU.S.Sエンタープライズ、『スター・ウォーズ』のデス・スター、膨大な計算能力を持つとされる仮想のマトリョーシカ・ブレインなどが代表的な例である。
- **他惑星のメガストラクチャー**は他の惑星に建設され、人工的に調整された大型の構造物であり、その惑星や科学的なテーマについての研究、または人間、動物、植物の居住を目的とする。オランダの民間組織マーズワンが目指す火星の居住地などがその例であり、ほかにも多くのSF、文学作品、映画やアニメで取りあげられるコンセプトである。

応用

メガストラクチャーは、長きにわたり人類の想像力をかき立ててきた。今日では、人口増加、気候変動、環境汚染、エネルギー消費といった喫緊の課題に対応することができるものとして期待されている。現代における応用例としては、巨大温室、海面上昇に直面した際の避難所としての人工島、都市を極端な気象条件から保護する巨大ドーム、人類の居住可能性を探る他惑星の構造物などが考えられる。

註：メガストラクチャーはレイナー・バンハムが著書『Megastructure: Urban Futures of the Recent Past』(1976年、Harper & Row)で用いた造語であり、「都市のすべての社会機能を備えた」建物と定義されている。
図：水上、陸上、空中、宇宙のあらゆる場所に、架空の大規模な居住用構造物は多く存在し、メガストラクチャーもそのうちの一つである。これらの例には、アーティストであるコンスタント・ニーヴェンホイスによるアンビルト都巾プロジェクト「ニュー・バビロン」、ヨナ・フリードマンの「モバイルアーキテクチャー」、海洋構造物や浮遊衛星が含まれる。

014

スーパー・トール

驚異的な高さに達する構造物、建物、空間

一定の高さを超える建物は「スーパー・トール」と呼ばれる。進歩したテクノロジー、材料科学、構造力学とともに、政治や財政力も結集しながら、世界中のデベロッパーたちはもっとも高いタワーを建てる競争をしているかのようだ。19世紀末に登場した最初の高層建築物、いわゆるスカイスクレーパーは約50メートルの高さだったが、今日のスーパー・トールやメガ・トールとされる建築物は数百メートルに達している。スカイスクレーパーはますます高くなっているが、空調システムや時速80キロメートルで静かに上昇するエレベーターの発明により、周囲の環境や社会生活に無関係なライフスタイルが提供されるようになっている。いま世界でもっとも高いタワーは828メートルであるが、建築界では1マイル（約1,609メートル）を超えるための競争が長く続いている。

種類

- **スーパー・トール**は、約300メートルから600メートルの高さの建物である。その設計には、高コスト、緊急時の避難の難しさ、このような高度での風圧の強さといった多くの課題がある。これらの建物を実現可能にしているのは、スカイスクレーパーの設計やエンジニアリング、ソフトウェアの進歩だ。スーパー・トール建築物は多様な形態や計画に対応することができ、垂直都市を内包するほどのこともある。
- **メガ・トール**は600メートル以上の高さを持つものを指す。実際に建設されたものはごくわずかである。これらの極めて高いタワーのほとんどは建築家、都市計画家、政治家による理想都市計画の一部であり、メガ・トールの建築物は、SFストーリーにおいて中心的な役割を果たすことも多い。

応用

技術的にはさらなる高さが可能であっても、ある程度の高さに抑えることとなる最大の要因はコストである。スーパー・トールやメガ・トール建築物は技術革新の成果であるが、その建設には高いコスト、さらには大量のエネルギーや材料を要する。したがって、これらのプロジェクトが環境課題や手頃な価格の住宅といった社会問題に取り組むことはほとんどない。代わりに、これらの構造物は、ドバイ、上海、ニューヨーク、香港などの世界中の都市にそびえる財政的または政治的な権力の象徴と見なされる。

図：高層ビル・都市居住協議会（CTBUH）は、高層建築物を測定および定義するための国際標準を策定している。建物はますます高くなり、雲や霧を突きぬけてそびえ立っている。

015

ステルス

消失、偽装、カモフラージュの建築

まるで消えてしまうかのように、見えにくくしたい構造物がある。こうした消失、偽装、カモフラージュを用いる建築はステルス建築と呼ばれ、検知されにくいように設計されている。基地を隠したり、敵が特定の場所を狙いにくくしたりするなど、軍事目的で使用されることが多い。ステルス建築はまた、家や空間を外部の視線から隠したり、建物を見つけにくくしたりするなど、民間用にも使われる。環境に配慮した手法として用いられることもあり、視覚的な乱れを避けるため、景観に溶け込むようにデザインされる。

種類

- **消失建築**は、機械的、環境的、技術的な手法を用いて建物や構造物を完全に見えなくする。透明または反射材料を使用したり、特殊な照明技術を用いたり、地下や水中に移動する建物といった手法がある。
- **偽装建築**は、建物や構造物を周囲に馴染ませるためにさまざまな技法を使う。建物の内部とは異なる外観になるように、外側だけ別のものを模倣してデザインするといった方法がある。たとえば、小型船に見える大きな建物や、郊外の住宅のような変電所がその例だ。偽装建築の一種として、実際よりも印象的または豪華に見せるためにデザインされた（豪華に見せかけたポチョムキン村のような）ポチョムキン建築がある。
- **カモフラージュ建築**は周囲に溶け込ませるなどして構造を隠すように設計されている。色、パターン、テクスチャーを利用したり、ファサードを植物で覆ったり、カメラや衛星画像を妨害する特殊な材料で覆うなどの方法がある。建物や橋から車両や設備にいたるまで、さまざまな構造物を隠すために使われる。

応用

ステルス建築の現代における応用例には、レーダー吸収材料や特殊な塗装仕上げ、ユニークな形状や角度でレーダーへの視認性を低減するといった方法がある。軍事施設のように機密性が高く検知リスクを減らすことが重要となる構造物に使われることが多い。現代のステルス建築には、新旧の技術や技法を組み合わせて取り入れられている。

図：雪景色の中のステルス建築であれば、地下に建設することや、反射材料を使って環境に溶け込ませることができる。

016

ブロブ

無形、無定形、不規則な形の建築

ブロブ建築とは、有機的で曲線的、無形または非直線的な形状の建築を指す。その有機的または不規則な形状は、従来の長方形や対称的な建物の形状とは対照的だ。ブロブ建築というアイデアそのものは昔から存在していたが、CADソフトの普及により21世紀初頭には世界中でブロブ建築が増加した。ブロブは数多くの伝統的手法で建設されてきたが、現代のものは特殊な設計と建設技術を必要とすることが多い。昔ながらの形状とは異なる独特の美学を標榜する建築などいろいろな用途で使われており、家具からフォリー、博物館、住宅まで、その規模もさまざまだ。多様な材料で建設できるため、陸上、水中、さらには空中にも建設可能である。

種類

- **先祖型ブロブ**は、地元の材料と建設技術を用いて昔から建設されてきた、一定の形を持たない構造物である。世界中に存在し、粘土、土、藁、石、氷などで造られた建築物がある。
- **ハイテクブロブ**は、CADなどの高度な計算ソフトと最新の素材を取り入れた不定形の構造物である。シリコーン、ゴム、ゲルのような柔らかい材料で造られることがあり、膨らませることができたり、セラミック、繊維、プラスチックといったカスタムメイドの外装材料も用いられたりする。構造を支えるために、金属、プラスチック、ファイバーグラス、カーボンファイバー、木材などのフレームが使われることが多い。

応用

ブロブ建築は、その漠然とした形状や柔軟性によって多種多様なプログラムを収容できるし、美的な側面からの選択肢も無限に広がる。極端な環境や気候に適応するような設計も可能だ。地球上の各地の条件に合わせて造られるブロブだけでなく、他の惑星での居住を目的としたものも存在する。ブロブ建築は新しい材料を試す好機でもあるが、建設の難しさから費用が高額になることがある。

図：いろいろな形状、規模、プログラムのブロブ建築がある。そこでは多様な形状実験が行われており、たとえば、住宅（クラウド9によるヴィラ・ナ　ブス）、ショッピングモール（フューチャー・システムズによるセルフリッジズ百貨店）、ミュージアム（MADアーキテクツによるオルドス博物館）などがある。

017

トポ・アーキテクチャー

建築、構造、空間が風景でもある

「トポ」とは「トポグラフィック」（地形を活かした）の略で、ここでは、自然の風景の特性や形状、機能を取り入れた設計や建築の手法を指す。建物の構造と自然素材を組み合わせて風景に溶け込ませるだけでなく、風景そのものになるような建物を生みだすことを目指している。地形の起伏や地面の高さの違いを際立たせることによって、丘や谷などの風景を模した外観とすることもある。緑化された屋根、壁や床、さらには植生テラス、擬似岩石といった手法が用いられる。さまざまなスケールのものがあり、自然や水に囲まれた環境だけでなく、都市や街の中に建設されることもある。

種類

- **美的トポ・アーキテクチャー**は、自然の風景を模倣した形状の建物や構造を指す。デザインの一部として草や樹木などの自然素材を取り入れることが多く、風景の機能、維持管理や用途よりも、そのスタイルや美しさに重きを置いている。例としては、屋内や屋上に木々を配置した建物や、公園の形状や見た目を再現した構造物が挙げられる。
- **機能的トポ・アーキテクチャー**は、建物や空間、構造の性能に重点を置く。風景を模倣して建物内の動線を工夫したり、自然の要素を活用して温度や照明、香り、換気を調整したり、さらには水の循環などメンテナンス管理に活かしたりする。風景の利点や課題を理解したうえで、それを建物や公共空間のデザインに反映させているのだ。中には美しさの特性を兼ね備えているものもある。

応用

建築と風景の関係は古代文明の時代から続いてきたが、現代の建築家やデザイナーがトポ・アーキテクチャーを追求する理由は多岐にわたる。たとえば、都市環境に自然を取り入れる独自のデザイン、都市の再生や緑化、自然素材や特性を活かした空間の有効利用、建物のエネルギー効率向上などが挙げられる。人間の開発によって脅かされている生態系とのバランスを改善するための手段として考えられているものもある。

図：山腹に建設されたり、農地の延長として存在したりする、トポ・アーキテクチャー。周囲の環境と調和するとともに、その建築の一部が風景の特徴となっている。

018

パラサイト建築

建物に取りつけられたり、建物から突きだしたりしている構造物

パラサイト建築とは、既存のインフラをサポートするために取りつけられる建物や空間、人工物などである。当初から存在する構造との対比を際立たせたものが多い。プロジェクトによってさまざまな役割を果たすが、一般的には既存のインフラに新しいサービスや機能を追加する。その課題としては、構造の安全性についての問題や、基盤となるインフラの変化に常に適応しなければならないことなどが挙げられる。都市問題や環境問題、社会問題、さらには政治問題に対応するために開発されたパラサイト建築もある。都市への対応としては、すでに存在する建物に住宅ユニットや共同スペースを追加で取りつけることが挙げられ、その他のアプローチとして、人々がより快適な気候条件で過ごせるオアシスのような温室を作ることもある。こうしたパラサイト介入では建物に空間を付加することで新しい眺望や機能が得られる。照明や動画スクリーンを設置すれば、建物と公共空間の両方に利益をもたらすことも可能だ。都市のゾーニング規制や不動産市場の要求といった課題に対応するために、あるいはアート・インスタレーション、ある種の抗議を主張するための建築として活用されることもある。単独でも、複数のパラサイト建築の集合体としても設計される。

種類

- **付加型のパラサイト**は、既存の建物に追加のプログラムや機能をもたらす構造的な介入である。このタイプのものは、建物の内部からも外部からも見える。
- **挿入型のパラサイト**は、建物の内部からしか見えない。新しい空間や部屋だったり、天井や壁から吊り下げられた構造物だったりする。
- **バブル型のパラサイト**は、新しいプログラムや空間を包み込む透明または半透明の構造物で、球形や不定形をしている。
- **クラスター型のパラサイト**は、複数のパラサイト建築の集合体であり、現存する建物の内外に一つのシステムを作りだす。クラスターによって特定のプログラムがもたらされたり、使い方や空間の新たな組み合わせが提供されたりする。

応用

パラサイト建築は、人類が既存の構造物に手を加えるという形で古くから存在してきたが、現代のパラサイト建築は差し迫った課題に対処するためによく用いられる。たとえば、建物全体で使用するには高価でリスクの大きい材料の実験的な使用、食料・水・住居を提供する自給自足システムの小規模なサンプル、人間以外の種と共有する空間や気候バブルの創出、代替的な生活様式の実験などがある。

図：パラサイト建築はさまざまな形状や材料で作られる。膨らませることができる透明なものもあれば、ケーブルで吊り下げられる金属製のものもある。

019

インフラストラクチャー建築

橋やトンネルといった公共施設の建造物

インフラストラクチャー建築とは、公共施設として機能する建造物を指す。社会や都市、街の物的な構成の基本要件を満たすための施設と、人が住むための建物を一つにしたものだ。そのあらゆる組み合わせが世界中に存在している。水道、発電所、橋、トンネル、一般道路、高速道路、空港、港、鉄道、駅などと共存させることで建築そのものもインフラストラクチャーの一部とし、大型の公共施設と建物のあいだの境界線はあいまいなものとなる。住宅や市場、交通、レクリエーションのためのスペースを確保することに加えて、プログラム上のさまざまな要件を考慮する必要があり、プロジェクトごとに独自の課題に対応しなければならない。これらの建築の多くは、メガストラクチャーともみなされる（p.38参照）。

種類

- **ハイウェイ建築**は、道路の基礎部分に細長く住宅ユニットが造られたもの。いくつもの用途を持った建物で線状都市が形成され、車やバスなどの乗り物が行き交う道路の基盤となっている。
- **トンネル建築**では、歩道や鉄道、道路を覆う形で建物を配置する。ハイウェイ建築では道路の基盤と建物が重なっているのに対して、トンネル建築では建物を道路が貫く形になる。
- **ブリッジ建築**は、水域や農地といった地勢や都市の人工物の上空で2つ以上の構造物をつなぐもの。2つのタワーに挟まれて空中に浮かぶ建物や、カンチレバーで水平に飛びだしている建物、トラスで支えられた建物などがある。
- **ポート建築**は、交通手段（飛行機、飛行船、船、潜水艦）における離着陸や発着、係留の場所であると同時に、居住可能な建物でもある。ほかのプログラムと一体化しているという点で、従来型の空港や海港とは異なる。

応用

インフラストラクチャー建築は、効率性を向上させるとともに建築面積を小さくするため、大規模なインフラプロジェクトに関連するすべてのプログラムを一つの構造に凝縮するように計画されることが多い。たとえば理想の都市計画において、都市のスプロール現象を解消しながら、すべての生活プログラムを単一の長大な建物に集約させている例などが挙げられる。

図：高架橋を最大限に活かすために、基礎部分に建物を丸ごと建設する方法がある。線状の団地の上にライトレールを走らせるといった方法もある。

020

ビッグボックス

単一の外壁で囲まれた巨大建築

通常の居住用の建物には光や空気を取り入れるためにさまざまな対応が必要だが、そのようなファサードでの処理が不要となる建物もある。開口部や窓が最小限に抑えられた構造をしており、このような建物はビッグボックス建築と呼ばれる。設備機械などを外的環境から保護したり、人間の活動用にも、人工的に管理された環境を作りだしたりすることを目的としている。厳密な環境管理が必要な機械やデジタル機器を収容するものもある。また、特定の機能を持たない象徴的な建物もある。ビッグボックス建築の外壁は、装飾や機能的な特徴を有する場合もあれば、何も持たない場合もある。彫刻や絵画が施されたものもあれば、機械的なファサード、太陽光発電パネル、LEDパネルを備えたものもある。昔から、穀物の貯蔵庫や精神的シンボルといった形でビッグボックスが存在してきた。今日では、データセンターや水処理施設が荒れ地の真っただ中や崖の上に建てられている。

種類

- **ファンパレス**は娯楽目的の建物であり、内部を自由に変形できる。空調が完備され、遊び場、親水公園、ライトショーなど、さまざまな屋内イベントを楽しむことが可能だ。ファンパレスという名前は、劇場監督ジョアン・リトルウッドと建築家セドリック・プライスによる1964年のプロジェクトに由来する。
- **アイコン**は、象徴的な役割を果たすビッグボックスだ。その敷地に存在すること自体が重要であり、内部は一般向けに公開されないことが多い。
- **データセンター**は、規模やレイアウト、特徴はさまざまであり、その多くはサーバーや複雑な冷却システム、二重床、予備電源装置を備えている。
- **メカニカルボックス**は、水処理施設、凝縮ユニット、発電・中継ステーション、廃棄物管理施設などの技術設備を内包する、目立たない建物である。
- **石棺**と呼ばれる巨大な鋼鉄とコンクリートの構造物によって、毒性物質や核物質を覆うこともある。この種のビッグボックスは閉じ込め構造であり、危険物質を封じ込めるために建設される。

応用

ファサードに開口部がないビッグボックス建築の現代的な応用例としては、倉庫、配送センター、貯蔵施設がある。これらの建物は機能性と効率性を重視して設計されており、窓がないことで熱損失を最小限に抑えるとともに、セキュリティを最大化することができる。

図：ビッグボックスは都市や街から遠く離れた場所に位置することが多く、アノニマスなファサードの内側に貴重な情報、機械、資源を保護している。

021

マニフェスト

ビジョン、意図、目標、使命などの
説得力ある宣言

マニフェストとは、個人やグループの意図、目標、野望、原則を表明する文書や出版物、テキスト、プレゼンテーション、プロジェクトを指す。建築の歴史においては、建築家やデザイナー、アーティスト、コレクティブ（グループ）が、アイデアや哲学を広く伝えるための重要な手段として用いてきた。新しいスタイルや世界観、哲学、目標、運動を推進するため、あるいは既存の社会、都市、政治、建築の傾向や状況を批判するために使われる。野心的な建築プラットフォームやコレクティブにとっては、中心的な役割を果たしている。20世紀だけでも、マニフェストは多くの議論や思想の一部となり、既得権益のある権力者と現状に挑戦する少数派という両方の立場にとって重要な役割を果たしてきた。多くの建築家、デザイナー、プランナー、著者、批評家、コレクティブが、自分たちが求める未来像を表現するための手段としてマニフェストを発表しているが、未来が実際にはどのようなものになるのかを考えるための手段としてマニフェストを用いる者たちもいる。マニフェストは、特定の変革を提案したり、歴史の見落とされている瞬間に光を当てたり、未来のビジョンを提示したりすることで、現在を変える方法としても役立てられる。多くのコレクティブのマニフェストは、その特定のビジョンや未来への要求に共感する人々を募るための招待状として機能しているのだ。

種類

- **個人マニフェスト**は、個々の著者、デザイナー、建築家の信念、価値観、意図に重きを置く。
- **コレクティブ・マニフェスト**はグループによって作成され、彼らの共有する信念、価値観、意図をまとめたもの。
- **中央集権的マニフェスト**は、著者を未来の中心に位置づけ、一連の信念や価値観、意図を規範として受け入れるべきとする個人またはコレクティブによって発表される。
- **分散型マニフェスト**は、著者自身を含まない未来のビジョンである。建築家やデザイナーが未来のビジョンから自分たち自身を排除することがある。
- **遡及的マニフェスト**は、運動や組織の目標や原則を後からまとめたものである。

応用

マニフェストは、達成すべき目標や克服すべき障害、従うべきルールとして作成され、書籍や展示、さらには建築プロジェクトとして発表されることがある。今日の建築論においても重要な役割を果たし続けている。エコロジーや社会の問題がますます緊急の課題となる中で、デザイナーや建築家、活動家、コレクティブは、マニフェストを通じて別の未来を考える方法を探求し続けている。

図：マニフェストは、多くの建築や芸術運動の中心的な存在であった。「最後の未来派絵画展　0-10」（1915年）をはじめとして、シュプレマティズム、未来派、メタボリズム、構成主義、サイボーグといったさまざまなテーマのマニフェストがあり、形状、建築、都市計画、技術、食、フェミニズムなどに取り組んできた。

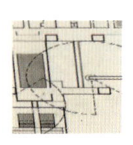

022

ダイアグラム

建築の基本的な機能、レイアウト、プログラムを可視化する

建築のダイアグラムとは、プロジェクトの構成要素同士の関係やデザインの全体像を明確にするために、一連の概念や原則、情報を示す図やグラフィックである。チャート、線、バブル、矢印などさまざまな形式を使ってプロジェクトのコンセプトを視覚的に表現する。建築プロジェクトでは多様な要素を考慮する必要があるが、ダイアグラムはその中で重要な部分を抽出し、グラフィックで提示するのだ。都市や農村のコンテクストについてのものであれば、街灯、木、歩道、舗装面といった要素に焦点を当てるだろう。歩行者の動線や動物の通り道を示したダイアグラムによって、「子どもたちが遊び場でどんなふうに動くか?」や「風景の中に現れる垂直構造物に鳥がどう反応するか?」といった問いに対応することができる。

種類

- **プログラムのダイアグラム**は、プロジェクト内のさまざまな機能や用途がどのように配置されているかを示しており、形、色、テキストを使ってプログラムを表現するダイアグラムである。
- **フローのダイアグラム**は、人、動物、自動車、空気、水などの移動要素が作りだす経路を示したり、シミュレーションしたりする。プロジェクトの範囲だけでなく、その周囲における経路や要素を示すことも可能だ。建築のスケールでは歩行者に建物の入り口の位置を示したり、都市のスケールではプロジェクトが周辺環境の動きとどう関連しているかを記録したりすることができる。
- **フォームのダイアグラム**は、建物や景観、土地の形状が、形以外の要素からどのような影響を受けるか、または影響を与えるのかを示す。プロジェクト内外の要因についての情報が含まれ、これらがプロジェクトの形状にどのような変化をもたらすかを示す。プロジェクトの形状は、フォームダイアグラムによって説明することができるのだ。
- **タイムベースのダイアグラム**は、特定の空間において、スペース、フロー、アクション、相互作用が経時的にどのように発生するかを示す図や一連のスキームである。この手法のダイアグラムでは、設計において時間を決定要因として考えることになる。

応用

建築家がダイアグラムを使ってプロジェクトを説明する場合、ダイアグラムそのものも設計プロセスの重要な一部となる。ダイアグラムによって得られた情報をデザインの基盤や転換点にして、プロジェクトの設計、実施、運用、維持管理に利用していく。クライアントや一般市民、デザインコンサルタント、プロジェクトチームに建物の機能を説明するためにダイアグラムが使われているが、ダイアグラムという方法自体が、設計の形状、プログラム、材料、実行にも直接的な影響を与える。

図：スタジオでは、建物、都市、材料、色、さらには設計教育のカリキュラムについて考えるためのさまざまなダイアグラムが描かれている。

023

スケッチ

スケッチは、建築のアイデアやコンセプトを素早く表現する方法である。クライアントや一般市民、他のデザイナーにアイデアを伝えるために使われ、グループ内でアイデアを探求したり展開したりするときにも役立つ。観察するための手段として、都市の現状や風景、建築の状態を記録することもできる。またスケッチは、基本的なアイデアや観察を記録しながら大まかな枠組みをもたらすことによって、将来的にはもっと複雑で詳細な表現にもなりうる。そのため、スケッチは必ずしも描画に限られず、その特性は他の非視覚的メディアにも応用が可能である。その意味でスケッチは概念的な足場となるものであり、プロジェクトをさらに発展させるための詳細な資料の基盤となる。スケッチにおいては、特定の空間や細部、家具などに細かく注意を払う必要がなく、要素はすべて大まかに表現されるため、さまざまな視点からのパース図、立面図、平面図、平行投影図、あるいはこれらの組み合わせなど、多様な表現方法が含まれる。

種類

- **個人スケッチ**は、アイデアや形、デザインの提案を一人で描くものである。この形式のスケッチは、そのスタイルやスケッチの対象に個人的な特徴が表れる。旅先で建物や都市の様子、風景を記録したり、大規模な絵画や詳細な図面といった複雑な表現形式の準備をしたりするために、古くから使われてきた。
- **コレクティブスケッチ**では、複数のデザイナーが協力して図面やデザインのアウトラインを描く。たとえば、一人目が描いたものを知らずに次のデザイナーが続きを描くという「カダーヴル・エクスキ」（p.82参照）がある。ほかには、デザイナーたちがスケッチを上書きしながら変化させ続けるという、集団的な概念生成もある。

応用

スケッチは長らく建築デザインの一部であったが、新しいメディアやソフトウェアの登場により、デジタルスケッチの可能性が広がった。これらの新しいスケッチ形式は、個人でも集団でも行えるし、さらには自動化することもできる。デザインスクリプトをコンピュータに入力し、人工知能ソフトウェアがそのプロンプトからスケッチを生成することも可能だ（p.166参照）。新しい技術が登場しても、スケッチそのものはなくならず、建築デザインの重要な手法として用いられ続けている。

プロジェクトの基本的なアウトライン、主要なアイデア、コンセプトを描く

図：設計による決定を正確に表現する場合、あるいは抽象的なアイデアを大まかに描く場合など、スケッチはデザインプロセスのさまざまな段階で用いられる。

024

モデリング

デザインを三次元で表現する

建築におけるモデリングとは、空間、建物、構造物、風景、都市構造などの三次元的な表現を作成するプロセスである。デザインのさまざまな側面や特徴を具体化したうえで、設計における決定を下すことができる。進行中のデザインや完成後の建物をより正確に表現できるため、設計や計画、施工の各段階において有用である。さらには、設計の途中や、施工が実際に始まる前に潜在的な問題を発見することが可能となるので、時間やコストの節約にもつながる。実在しない歴史的または理想的なプロジェクトを記録する手段としても有効だ。

種類

- **物理的モデリング**は、建物や構造物、空間、敷地などを三次元で表現するプロセスであり、通常は縮小されたスケールで行われる。このタイプのモデリングや模型制作には、身の回りの材料やプラスチック、セメント、ガラス、木材といった建設材料も使われる。
- **デジタルモデリング**は、デザインそのものやそれによってもたらされる状況を、コンピュータソフトを使ってデジタルで表現するプロセス。技術の進化に応じて、デジタルモデルにおける材料や周辺環境の精度が高まっており、シミュレーションソフトや三次元プリント技術と一緒に利用されることが増えている（p.88参照）。
- **コンセプチュアルモデリング**は、デザインの基本的なアイデアに焦点を当て、通常は抽象化または簡略化されたモデルの形として表現する。プロジェクト全体の設計や、動線、光、構造システムといった特定の要素に的を絞ることが可能だ。
- **詳細モデリング**は、デザインの一部やプロジェクト全体について、緻密に表現するものである。建築プロジェクトを実現するために必要となる多層的なシステムを、さまざまな精度で記録することが目的である。
- **モックアップ**は、実際と同じ材料を用いて空間特性を表現するモデル原寸大の模型である。プロジェクトや建設の詳細をヒューマン・スケールで正確に再現するものであり、建設技術をテストしたり、大規模なプロジェクトの一部分をデザイナーやクライアント、一般向けに体感してもらったりするために用いられる。

応用

現代の建築モデリングの応用例として、次のようなものが挙げられる。提案された建物や構造物のリアルな画像やアニメーションの作成（映画でも使われる）、都市やランドスケープの配置計画、プロジェクトの設計支援ツールの開発、議論やプレゼンテーション用の資料作成、実在しない歴史的または理想的なプロジェクトの記録など。

註：モデリングは、建築デザインの実務や教育における重要な一部分である。コンピュータとデザインソフトの進化により、三次元モデリングはデジタルで高精度に行うことが可能になった。
図：モデルは、プロジェクトの異なる段階において、さまざまなサイズ、材料、形状で作られる。スタイロフォームや段ボールで作られる小さなスタディ模型から、コンクリートで成形されたソリッドモデル、ウラジミール・タトリンによる「第三インターナショナル記念塔」（実現せず）の螺旋状のような模型まで多岐にわたる。

025

マッシング

プロジェクトの三次元ボリュームを探る

マッシングとは、プロジェクト全体やその一部の形状を形づくる手法である。彫刻に似た技術で、さまざまなスケールで遊び心を持って形を作ってみることができる。細部にはあまりこだわらず、構造が三次元でどのような形を持つかに焦点を当てるのがマッシングである。デザイン手法として、内部空間や建物、構造物の外形を定義するのに用いられる。マッシングのプロセスを通じて、立体の形状（p.14参照）、ハードコアな形状（p.28参照）、さらにブロブ（p.44参照）や地形の変化を取り入れた複雑な形態など、多様な形状を生みだすことができる。マッシングは、積み重ねたり、切り取ったり、ねじったりするなど、いろいろな操作で実現される。使用する材料によって、透過性、不透明性、反射性、光の吸収など、さまざまな効果を与えることが可能だ。原寸大に近ければ細部や装飾に焦点を当てることができ、かなり縮小したスケールであれば都市の状況や地形の違いを研究するために使うことができる。

種類

- **シンプルなマッシング**は、基本的な幾何学的形状やデザイン操作を三次元で探求するものである。このタイプのマッシングは、一般的な建物、都市環境、人工物の設計、特定の設計の詳細を吟味するのに適している。
- **複雑なマッシング**は、従来の技術とは異なる方法やツールを使って、複雑な形状やディテールを作りだす。たとえば、逆さに吊るした布に重りをかけてアーチの形にするといった伝統的な手法もあれば、アルゴリズムやパラメトリックモデリングを使って精密でレスポンシブな（インターフェイスに応じて調整される）マッシングモデルやプロトタイプを作成することも現代では可能である。

応用

マッシングモデルは、学生、デザイナー、プランナー、エンジニアによって幅広く活用されている。たとえば、建物に対する光と影の影響を調べたり、空間のレイアウトを計画したり、デザインの三次元的な形状を視覚化するために使われる。また、都市環境を研究するためだけでなく、詳細まで設計をする前にプロジェクト全体の外観を検討するときにも用いられる。さらに、空間における交通の流れを分析したり、コンピュータシミュレーションや映画、ビデオゲームにおける都市やランドスケープの基礎的なバーチャルモデルを作成したりする際にも役立つ。

図：このフォトブースでは、さまざまなマッシングモデルでボリュームを探っている。この手法は設計プロセスの初期段階でよく用いられ、同じ形状を繰り返したり、異なるバリエーションを作ったりすることもある。

026

コラージュ

複数の画像を組み合わせて作る画像

コラージュとは、さまざまな素材や参照元を組み合わせて作成された画像やデザインのことである。「コラージュ」はフランス語の「coller」（貼り付ける）に由来し、異なる画像や人工物を重ねて全体の構成を作りあげることを意味している。フォトモンタージュ（コラージュの一種）は写真技術が誕生してから行われており、これらの技術は（少なくとも）19世紀から建築に取り入れられてきたといえる。手作業かデジタルで作成したかを問わず、多様な素材を組み合わせることで、既存の画像に新たなバリエーションを生みだしたり、新しい作品を作ったりできる。コラージュを作成する際も、他の建築表現と同様に、構図やバランス、レイアウトといった基本的な原則が考慮される。

種類

- **モンタージュ**またはフォトモンタージュは、画像や写真を編集し、要素を追加したり削除したりして作るコラージュの一種である。建築においては、提案された建物や空間、構造のリアルな画像を作成したり、特定の場所で建物がどのように見えるかを視覚化したり、さまざまなデザインの選択肢を検討するために使用される。フォトモンタージュでは、空間や建物、構造について複数の視点からの合成画像を作成することもある。
- **ジャクスタポジション**（並置）は、異なる画像や要素を一つの構図に組み合わせて新しい画像を作りだすコラージュの一種である。統一感のあるデザイン、画像、空間を目指すのではなく、異なる要素同士の不協和音や、対比、構成そのものを探求する。
- **アッサンブラージュ**は、異なる要素を空間の中で組み合わせる手法である。ジャクスタポジションのコラージュが平面的な構成を作りだすのに対し、アッサンブラージュは三次元空間で新たな構成を生みだす。建築デザインのプロセスのなかでは、アッサンブラージュはスケールモデル（縮尺にもとづいて忠実に再現した模型）の作成方法と見なすことができる。

応用

コラージュは、デザインプロセスのさまざまな段階で使用される。初期の構想段階から、詳細設計のプレゼンテーションにいたるまで、さらにはユートピア的なビジョンを描いたマニフェスト（p.54およびp.174参照）にも活用される。コラージュは、紙や布、写真、オブジェなどを使って手作業で制作されることが多かったが、現在では画像編集ソフトやデザインソフトを使って、デジタルコラージュや動画、アニメーションを高い精度で作成することも可能だ。

図：コラージュは、異なる画像を（物理的に、またはデジタルで）切り貼りすることで作成され、コンセプチュアルなものから物語的なもの、あるいは正確さや理想を追求した表現まで、多様な作品を生みだすことができる。

027

ナラティブ・アーキテクチャー

建築の状況、課題、批評のストーリーテリング

ナラティブ・アーキテクチャーとは、建物や都市を描くための表現手法や戦略ではなく、ストーリーボードを通じて建築や都市計画に対する提案や批評を行う手法である。ストーリーテリングによって、建築の可能性や野望・希望を探求し、そこでの不正や課題、欠点を浮き彫りにする。図面、画像、模型で提案する構造を詳細に表現するのではなく、環境、政治、歴史、社会に関する問いに応える複雑な物語の一部として、魅力的なプロットを展開するのだ。より多くの従来の建築プロジェクトがグラフィック手法に依存してプロジェクトを表現するようになっているのに対し、ナラティブ・アーキテクチャーでは物語そのものがプロジェクトとなる。ナラティブ・アーキテクチャーは、画像、コラージュ（p.64参照）、アニメーション、図面、模型などの建築表現を活用して、寓話、童話、漫画、脚本、アニメーション、劇といった形式で、重要な問題に取り組む物語を作りだす。これらの作品は、社会におけるデザインの失敗を批評するために作られることが多いが、そのような批評自体を批判する作品もある。

種類

- **ユートピア的なナラティブ**は、理想的な社会やプロジェクトについて魅力的なイメージを描くためにストーリーテリングの手法を用いる。この種のナラティブ・アーキテクチャーは楽観的であり、建物や都市のデザインにポジティブな影響を与えるという役割がある。雄弁なテキスト、静止画、動画を使って、建物や風景といった物理的構造物の形で、あるいは社会システムや生活様式に着目しながら、より抽象的で寓話的な形で、理想的なシナリオを描きだす。
- **キュニカルな**（ギリシャ哲学のキュニコス派にちなみ、倫理・禁欲を特徴とする）**ナラティブ**は対照的に、サブバージョン（転覆）や批評の形でプロジェクトの概要を説明する。魅力的な物語を語るのではなく、疑問を投げかけ、建築に関連する問題を提起し浮き彫りにする。ユートピア的なナラティブが「都心部の高層ビルが、そこに住む人々に素晴らしい眺めを提供する」と説明するなら、キュニカルなナラティブは「その恩恵を受けられないのは誰か？」「それを建てるのは誰か？」「建設が環境に与える影響は？」と問う。前者が魅力的な物語を語る一方で、後者は「そのユートピアは、はたして誰のためのものか？」と問いかけるのだ。

応用

ナラティブ・アーキテクチャーは、建築論のなかで1970年代初頭から重要な役割を果たしてきたが、今日では社会全体が直面している多くの緊急課題（エコロジーなど）に取り組む手段として使われている。従来のヨーロッパ中心の問題に焦点を当てたものとは異なり、現代ではユートピア的およびキュニカルなナラティブによって地球規模の問題や未来へのビジョンに取り組まれており、世界を異なる視点から見ることに役立っている。

註：「キュニカル」という名称は、ギリシャの哲学者ディオゲネスに由来している。彼はアテネの街で、真昼に道行く人々をあえてランタンで照らしながら、「本当に正直な人間」はどこにいるのだろうか、と尋ねたといわれている。同様に、キュニカルなナラティブは「正直な建築」を探し求めている。著者による『Narrative Architecture: A Kynical Manifesto』（2019年、nai010 Publishers）を参照。
図：ナラティブ・アーキテクチャーは、変わりゆく風景とそこにおける建築の役割を描いたストーリーボードとして展開されることがある。

028

キット・オブ・パーツ

あらかじめ決められた部品や
要素を使ったデザイン

キット・オブ・パーツ（自己組織化建設システム）とは、デザインに使用するために先だって用意された個々の要素や部品がずらりと並んでいるような建築のことである。設計戦略として考案されたこの手法では、あらかじめ準備・設計・製作された部品、要素、人工物、デバイスを組み立て、配置して割り当てることで、さまざまな空間や構造・建物をデザインする。それぞれ異なる機能や美的特性を持つこれらの要素を組み合わせることで、全体を変化させられるような構造にしている。一度設置されたら変更できない固定的なシステムとして建築を捉えるのではなく、継続的な変化を可能にする。あらかじめ選ばれた部品を組み立て、再配置し、積み重ね、組み合わせることで、柔軟で変化する建築を造ることができるのだ。

種類

- **デザインのキット・オブ・パーツ**は、プロジェクトの設計段階で使用される要素を含んでいる。デザイナーが設定、配置、組み合わせを概念的にテストするのに役立ち、参加型のデザインプロセスを促進し、人々がデザインのシナリオを視覚化する手助けとなる。
- **インタラクティブなキット・オブ・パーツ**は、あらかじめ設計、製作、組み立てられた要素をバーチャル空間または物理的な空間に挿入し、人々がそれを自由に再配置できるようにしたものである。固定された要素や構造要素に手を加えることなく、空間のレイアウトを変更することを可能にする。インタラクティブなキット・オブ・パーツを作る方法の一つは、家具や間仕切壁といった要素を軽量素材で作るか、キャスターをつけるかして、簡単に動かせるようにすることである。

応用

キット・オブ・パーツは、工作や物の組み立て方について学ぶ子どもから、建築家、インテリアデザイナー、ランドスケープデザイナー、都市計画者など多様なスケールで実務を行うデザイナーまで、さまざまな段階で役立つデザインツールである。あらかじめ決められた指示やガイドラインに従って使用することも、自由な発想で使用することも可能だ。設計プロセスを効率化し、構造の変更やカスタマイズの必要性を減らすことで時間とコストを節約しながら、各要素に求められる寸法、色、質感、素材を決めることで、特定のデザインに取り組むことができる。

註：キット・オブ・パ ツにはさまざまな種類があり、設計の段階で使用されるものや、施工の各段階で導入されるもの、さらには入居後に配置や再配置ができるものもある。
図：キット・オブ・パーツでは、あらかじめ決められた要素を使うことで、さまざまなスケールや用途に応じた無限のオプションやレイアウトを生みだすことができる。間仕切要素（壁）と、長方体や立方体のボリュームを組み合わせて、数多くの空間レイアウトやデザインを作成することも可能となる。

029

戦略的アーバニズム

より大きな計画の一環として行われる、素早く具体的な都市介入

戦略的(タクティカル)アーバニズムとは、都市や街に小規模な介入を行い、都市環境を改善することである。課題に対してマスタープランを提案して大規模に取り組むのではなく、戦略的なアプローチで都市を段階的に変えていく。マスタープランがトップダウンで進められるのに対し、戦略的アーバニズムはボトムアップで展開される。マスタープランでは権力の集中、大規模な資金・労働力の投資、既存の状況に対する政策やプロジェクトの全面的または部分的な実施を必要とすると考えられている。その代わりに、断片的で戦略的なデザイン・行動を提案することで、大規模な計画でもたらされるような大掛かりな中断や移転を伴わずに、都市の中にプログラム、活動、スペースを組み込むという手法を取る。戦略的アーバニズムは、その場所の活動・条件・関係性を深く理解し、すでにうまく機能しているものは維持しながら、物理的な条件を改善していくことを目指す。また、他の集権的な計画と異なる特徴として、場所の統一性や一体的な計画に依存せず、異なるデザイナー、要素、戦略によって同時に実施可能である。計画・デザインの機関や専門家だけでなく、地域社会の積極的な参加者によっても実現できる。

種類

- **ストリートプラン**は、道路を歩行者のための空間として再活用することを目的とする。家具、ペイント、デザイン要素を使って、自動車中心の道路をコミュニティ、子どもたち、自転車利用者などが使える空間に変える。
- **アーバンポケット**は、都市や街において放置された空き地を、コミュニティのためのスペースに転用する戦略的な方案。コミュニティ・ガーデン、遊び場、屋外シネマ、プール、スケートボード用の広場、屋外教室などがその例として挙げられる。ソーシャル・コンデンサー(p.146参照)としての役割も果たすことができる。
- **インフラストラクチャーの再利用**は、空きビルを地域のための共同スペースに改装するものである。たとえば、かつてのデパートや警察署を再利用することで、地域のパントリーやキッチン、共同託児所、さらには高齢者向け住宅として活用することが考えられる。

応用

都市や街の生活が変化するなかで、建築家にとって、タクティカル・アーバニズムは、人々の生活の質を向上させるような変化を実現する手段となる。中央集権的な計画や大規模な資金調達に頼ることなく、さまざまな組織や市民が主体となって空間や時間の変化に応じながら、地域を改善するデザイン介入を行うことを可能にする。

図：タクティカル・アーバニズムは、空き地、歩道、道路に介入し、木を植えたり、色を塗ったり、家具、遊び場、設備を追加したりすることで、街をより住みやすく、社会的インクルージョン(包摂性)の高いものにする。

030

サイコジオグラフィックな地図学

予期しない空間の組み合わせで都市体験を再構築する

サイコジオグラフィック（心理地理学的）な地図学とは、場所や都市・街を、経験や記憶、関係性に基づいて再構築し、その理解を新たにする手法である。この地図学は状況主義（人は外的または状況的な要因によってより大きく影響されるという考え方）のプランナーやアーティストの影響を受けており、その名が示すとおり、心理学と地理学を組み合わせたものである。都市づくりのプロセスにすべての人が参加できるようにするため、特定の文脈における心理的な体験を重視する。環境が人々の気分や行動に与える影響ではなく、人々がその都市をどう体験して何を感じ、どのように記憶するかという視点から再構築する。この都市デザイン手法の重要な要素は、都市の活動の中心を「仕事」をはじめとする生産や物の交換に関わる活動よりも、より人間らしい活動に焦点を当てることである。歩くこと、遊ぶこと、迷子になること、恋に落ちること、お互いを思いやること、周囲を観察すること、群衆の声や鳥のさえずりに耳をすませること、友人と集まって語らうこと、目的もなく自転車をこぐことなど……。このプロセスによって生みだされるのは、働く場所や寝る場所、食べる場所、リラックスする場所ではなく、記憶、関連性、欲望を通じて再構成された都市そのものである。

種類

- **デリーヴ（漂流）**は、心理地理学的な実践の一つで、さまざまな空間を高速で移動すること、あるいは事前に決められた活動を手放し、地形の魅力や道中の出会いに身を委ねることで、遊び心を持って空間を創りだすことである。
- **ホモ・ルーデンス（遊ぶ人間）**は、人間同士や、人と環境との相互作用において、さまざまな形の遊びが重要な役割を果たすと考える理論に基づいている。都市のスケールでみれば、遊びの可能性や必要性、そして権利が都市体験を新たに形成する力を持つことが示される。

応用

都市を理解し、その中に没入していくためのペリパトス的な（逍遙学。歩廊・散歩道を歩きながら講義を行ったりする）アプローチを通じて、サイコジオグラフィックな地図学は、既存の都市環境との新しい関わり方を提案する。そのような新しい関係性を築くことを目指す代替的な計画やデザインの一形態であり、物理的な人工物を用いずに、歩きまわったり、遊んだりしながら、周囲の環境や他者と自発的に関わっていく。

註：デリーヴ（漂流）に関する全文は、ギー・ドゥボールによる『Theory of the Dérive（漂流の理論）』（1958年、Internationale Situationniste #2）を参照。
図：新しい空間の関連性や関係性を生みだすため、サイコジオグラフィック・マップは、都市の異なる部分や別の都市の画像を組み合わせて構築することができる。経験、記憶、移動などを通じて都市の新たな一面を理解することを目指している。

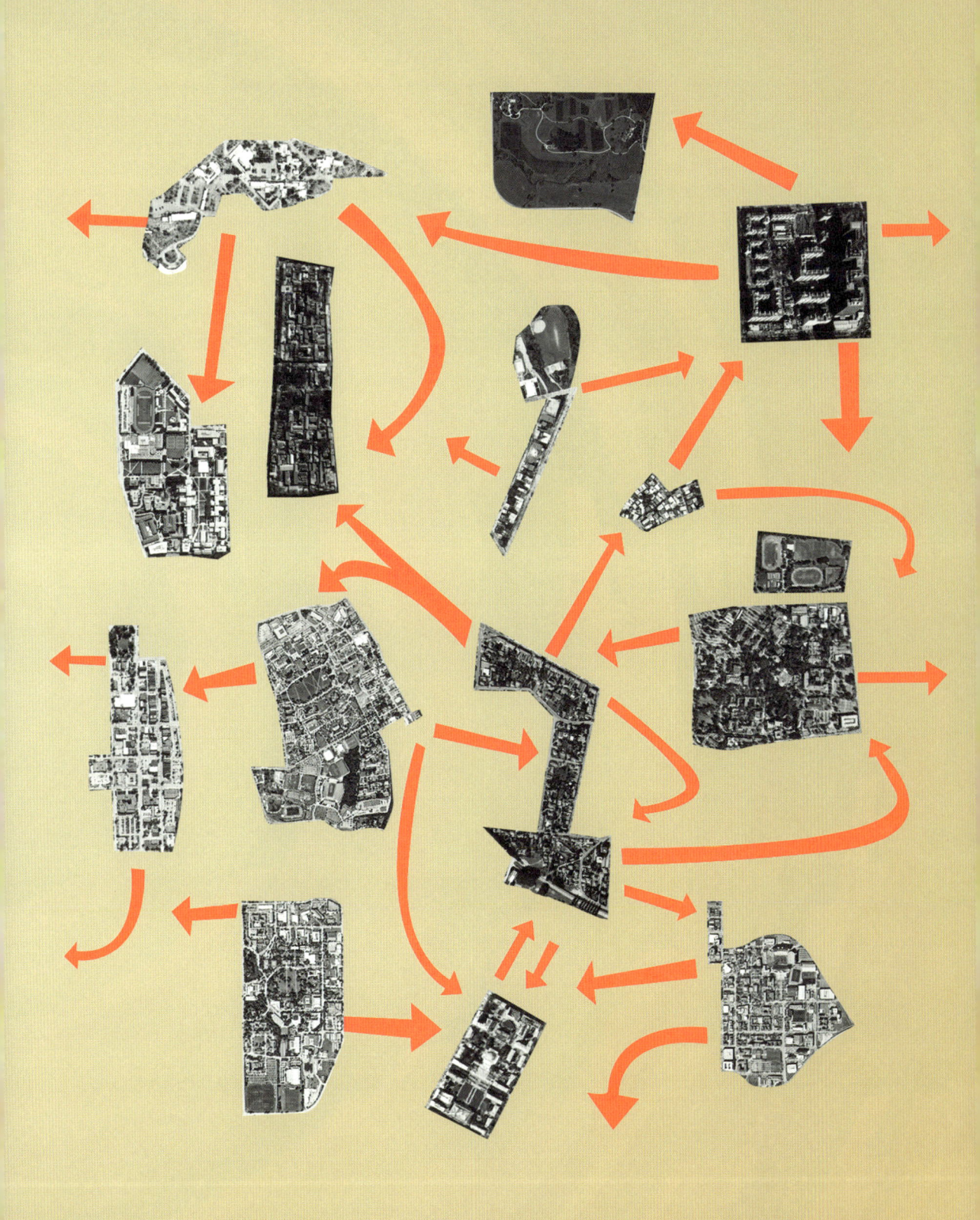

031

マッピング

マッピングとは、プロジェクトや敷地、空間に内在する特徴を明らかにする手法である。さまざまなテーマや特性、データ、パターン、頻度、強度などを視覚化する調査の一環として用いられる。敷地や環境、建物だけでなく、図面や写真、画像といった表現手段にも応用が可能だ。マッピングとは、今まで見えていなかったものを浮かびあがらせて強調することである。たとえば都市の図面では、人々の往来の流れや空間の関係、建物、設備やインフラの配置が示される。写真にマッピングを適用すれば、建築要素や部材のあいだに存在する緊張関係を際立たせることもできる。マッピングは、ナノスケールから宇宙規模にいたるまで、多様なスケールで活用される。抽象的に見える構成や条件においても、組織的なシステムや論理が明確に浮かびあがるのだ。

種類

- **テーママッピング**（**主題図**）は、調査対象地域に影響を与えるような、全体的な主題や概念、物語を強調するものだ。社会的、政治的、経済的、生態学的なテーマやそれらの組み合わせがある。たとえば、ある場所でのさまざまな生活様式や、都市の特定のエリアで共有されている文化的な習慣を示す図面が挙げられる。
- **属性マッピング**は、特定の空間、敷地、画像、調査の特性を可視化する。敷地や空間、構造物に内在する、隠れた特徴や要素・システムが強調される。たとえば、敷地内で川の流路がどのように変遷しているかを示すものや、過激な都市計画やインフラによって失われたコミュニティの歴史的なレイヤーを示す図面がこれに該当する。
- **実験的マッピング**は、デザイナーや集団によって開発された代替的なプロセスを反映したものである。サイコジオグラフィックな地図学（p.72参照）、脱植民地化マップ、メンタルマップなどがその例である。

応用

マッピングは、デザイン、分析、視覚化、物語のためのツールとして使用される。デザインチーム内、デザイナーとコミュニティ、コミュニティ活動家や計画者、政策立案者といった関係者のあいだで情報を共有する際に極めて役立つデザインツールだ。テーママッピング、属性マッピング、実験的マッピングは、都市や風景・建物・空間・その他の構造物のデザインに役立つだけでなく、データ分析のプロセスや戦略の設計にも有用である。

図：マッピングは、資源採掘による影響を可視化する手段としても活用される。この図では、コンクリートを使った建築を実現するために必要な多くの鉱物を示しており、カルシウム、シリコン、アルミニウム、鉄、石灰岩、チョーク、泥灰土、さらに頁岩、粘土、スレート、高炉スラグ、シリカ砂、鉄鉱石、さらには磁硫鉄鉱のような、問題がある（製鉄上の有害成分を含む）材料まで含まれている。

032

調査的建築

建築環境のさまざまな側面を特定し、研究する

調査的建築は、ジャーナリズム、法医学的手法や技術、建築的な思考と表現を組み合わせた手法であり、社会的、環境的、政治的な問題を、検証・調査することに重点を置いている。デザインの手法を再利用して、他の手段では明らかにしづらい出来事や状況、行動を記録し、分析する。空間的な条件が原因で、ある出来事や社会的・環境的な犯罪、人権侵害、または差別的な計画を理解しにくい場合、デザイナーは知識と技術を駆使して、その文脈や時間軸、原因、影響を明確にすることができる。うまくいけば法的な証拠を提供し、社会的および環境的な問題に対する意識を高め、人々が物語を共有するためのツールを提供することで、正義の実現に寄与する。また、これらの表現方法は出来事についての公式な見解に対して異議を唱え、疑問を投げかけるためにも使われる。

種類

- **領域調査**は、特定の地域や場所で起きた出来事を理解するために、情報を収集するプロセスである。マッピング技術（p.74参照）やその他の調査・分析手法を用いて、新たな情報を明らかにする。
- **空間調査**は、起きている行動や出来事とその空間への現れ方の分析に焦点を当てている。シミュレーションや空間デザインを通じて、行動、プロセス、出来事がどのように展開されるのかを研究する。
- **物質調査**は、材料やその特性についての知識を扱う。建築材料が使用者に与える健康や環境への影響を特定するために使われる。また、現場で物的証拠を収集し、その材料についての知識を活用して、関連する疑問を解明することもある。

応用

調査的建築が必要とされる理由は多岐にわたる。たとえば、環境犯罪の現場（例：石油流出）が発生した場合、調査的建築は生態系への被害の原因を特定し、その被害がどのくらいのあいだ続いているのか、土地、空気、水、人類、生物多様性にどのような影響を与えているのか、さらには影響を受けた地域やコミュニティに対してどのような修復が可能なのかを明らかにする手助けをする。また、自然災害が発生した際には、その被害の原因や規模を評価し、将来の被害を防ぐ方法や修復策を検討・決定するのに役立つ。その他の例として、抑圧されたコミュニティの声をデザイナーが視覚化し、その声を広めることが挙げられる。

図：調査的建築は表現のためのツールや手法を利用して、建物・都市・空間に関連する出来事や行動をマッピングし、記録する。この例では、都市の一部に影響を与えるさまざまな大気現象の影響を示している。

033

都市のパッチワーク

小さくてインタラクティブな
空間要素のデザイン

都市のパッチワークは生態学的手法に基づいており、より大きなスケールから見たときに、小規模なエリアがどのように機能して関連し合っているかに注目する。生態系のダイナミクス、相互関係、サイクルが、複雑で多様性に富んだ活気あるエリアの自律的な維持に寄与し、それによって都市内の空間や交流の全体的な質を向上させる可能性があると考えている。都市のパッチワークでは、空間・ゾーンまたはエリアが時間とともにどのように変化して適応していくか、そしてその空間を構成する多様な要素が、ダイナミックな発展にどれだけ重要かを強調する。陸上や水中の生態系が多様な組織形態を持つのと同じように、都市や街のデザインを理解するために、さまざまなスケールと目的で相互作用する多くのレイヤー、要素、因子を考慮することを提案しているのだ。これらの小さなセグメントが持つ特徴によってエリアは機能しており、都市のパッチワークは、都市の断片、さらには全体構造に共存する多様な相互作用、交換、関係性、要素、素材、特性を考慮する。中央集権的で大規模なインフラや建築の介入を行うのではなく、小規模なスケールで試行錯誤を重ねながら、ゆっくりとしたペースで進行し、デザイン上の決定がどのような影響を与えるかを見極めながら進める。

種類

- **ポテンシャル・パッチ**は、ある程度で区切られた限定的な空間に要素や介入を加え、アクティブな状態に移行する過程にあるもの。
- **アクティブ・パッチ**は、互いに質を高め合うような半自律的要素からなる、不均一なゾーン。

応用

都市のパッチワークは、多様でゆっくりとした介入を通じて、都市開発に段階的な変化を促す。こうした介入は、ランドスケープ、都市計画、デザイン、建築、人々を考慮した生態学的な視点といった多くの要素からなるもので、政策決定や都市規制と切り離して行うことはできない。都市のパッチワークの重要な課題は、ゆっくりとした発展を通じて恩恵を受けるべきコミュニティを保護しながら、強制退去やジェントリフィケーション（空間の質の向上や高級化）のような空間内の不平等を防ぐことである。

註：都市のパッチワークに関する詳細は、生態学的なパッチ・ダイナミクスやモザイク・ダイナミクスに関する研究を参照すること。
図：森林生態学における「パッチ・ダイナミクス」と同様に、都市のパッチワークでは、生態系における異なる要素や要因がさまざまなスケールでどのように関連し合っているかを探求する。特定の状況を詳しく見ることで、多くのアクティブな要素が明らかになる。

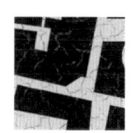

034

図と地

図と地とは、ゾーン、空間、土地、領域の空間状況を、対比的な表現を通じて抽象化するプロセスである。歴史的あるいは現在の状況、または計画された状況を視覚的に表すための分析手法であり、デザインのためのツールとしても使われる。図と地の表現では、建物と敷地、囲まれた空間とオープンスペース、建物と道路・広場、流体と固体など、さまざまな対比が示される。図と地の分析は、図面や模型、図示、アニメーション、画像などで表現され、各要素には異なる数値や特徴が与えられる。これは都市論で利用されてきた方法論であり、都市の状態を理解するにあたって地面が持つ重要性を強調したり、公共空間が街路、スクエア、プラザといった広場から建物の中庭や内部にどのように繋がっていくかを明らかにしたりする。

種類

- **分析的な図と地**の表現は、特定の場所における都市や空間の状況を理解するために用いられる。街、風景、都市、建物、構造物に適用すれば、そのエリアにおけるマッス（塊）とヴォイド（空白部分）といった空間の量、姿や形、スケール、公共空間またはアクセス可能な空間への近接性を把握するのに役立つ。
- **推測的な図と地**の構成は、対照的な空間状況を利用してデザインを生みだす手法である。特定の場所に関するデータに依存するのではなく、図と地を2つの異なる特性として捉え、それを一連の関連するデザインに落とし込むことができる。これにより、ファサード、風景、遊び場、家具など、図と地の関係によって形づくられるデザインにつながることがある。

応用

都市の形態の重要性を強調する多くの都市論において、図と地の手法は歴史的に重要な役割を果たしてきた。場所の固有の特性を把握するマッピング（p.74参照）としても、また、人々が回遊したり集まったりする空間を考慮したデザイン手法としても用いられる。この手法の名称は、図示された構造物や塗りつぶし部分を表す「図」と、それに対照的な空白部分である「地」に由来する。たとえば図面において、すべての構造物、壁、人々がアクセスできない要素を黒の塗りつぶしで示し、オープンスペースを空白のまま残すことで、この関係が表現される。図と地は、空白と塗りつぶし部分の比率で多くのことを示し、都市のオープンスペースのネットワークを可視化する。

図：この一般的な図と地のマップでは2色を使用しており、街路や広場、建物内のアクセス可能な空間をグレーで、壁で閉じられた空間や建物を黒で表現している。

035

カダーヴル・エクスキ

他のメンバーによるインプットの内容を
あえて知らない状態のままで進める共同デザイン

カダーヴル・エクスキ(「優美な屍骸」の意味)は、前の人の貢献を参加者が順番に引き継ぎながら進めていく、共同制作の手法である。シュルレアリスム運動のなかで生まれたこのプロセスは、もともとは文章や絵を使ったゲームが起源である。各アーティストが文やスケッチを順次追加していくことで、異なる要素が組み合わさった独自の作品が最終的に完成する。この手法により、一つのデザインに対してチームのメンバーそれぞれが異なる要素を加えたり、複数のアプローチや特徴を持つ形を生みだしたりすることが可能となる。また、コミュニティのメンバー、一般の人々、あるいは子どもたちとの参加型デザインとしても活用できる。建築におけるカダーヴル・エクスキの例としては、複数のデザイナーが遊び場のプランを共同で進めるケースが考えられる。この手法では、一貫したデザインを目指すのではなく、あるデザイナーが遊び場の一部を描き、その紙を折りたたんで次のデザイナーが続きから描き始める。それまでに描かれた内容を知らずに全員が作業を進めることで、最終的に完成したデザインには多様なアプローチやアイデアが反映される。遊び心を持った秘密性が保たれることで、予期しない成果が生まれる。予測が困難な性質をしており、集団での参加でなければ得られない独創的な結果を生みだすことが可能である。

種類

- **絵画のカダーヴル・エクスキ**は、もともとのシュルレアリスムのテーマにもっとも近い形式である。参加者は大きな構図の一部を描くのだが、それまでに描かれたものを完全に無視して続ける方法だ。一部分だけ、あるいは全体を公開したうえで作業を続けることもある。ルールは柔軟で、求める結果や参加者の数、描画の種類に応じて調整できる。
- **マルチメディアのカダーヴル・エクスキ**は、テキスト、絵、画像、映像、オブジェクトを組み合わせて行う。絵を描く場合と似ているが、単一の表現手法に限らず、参加者全員に使用するメディアそのものについても再考を促す点が特徴的である。

応用

カダーヴル・エクスキは、とても実験的なデザインツールでありながら、他の方法に比べて多くの利点がある。たとえば、新しい建物、都市的なレイアウト、ランドスケープデザインについてのアイデアを生みだすとともに、建築家、プランナー、デザイナー間の創造性と協力を促進する。他の手法に比べてとくに優れているのは、プロジェクトのデザインに多様な視点を取り入れることが可能な点である。一つのプロジェクトに対して、異なる分野のあいだの壁を取り払って取り組むことができる。

図：空の青色が異なっている部分が区切りであり、別々の建物や部分が継ぎ合わせられている。結果として、グラフィックデザインであるUNOVISの三角形、リナ・ボ・バルディによるサンパウロ美術館、アルノ・ブランドルーバーの工場改修プロジェクトであるアンチ・ヴィラ、ルイス・カーンとムジャルル・イスラムによるバングラデシュ国会議事堂といったさまざまな予想外の要素が組み合わせられている。

036

マッシュアップ

マッシュアップとは、異なる2つ以上の要素を組み合わせて、一つのデザインにする手法である。各要素や建物、構造、パターンの一体性や本来の形を保つことにこだわらずに組み合わせていくことで、新しいハイブリッドなものや状況を生みだす。建築デザインにおけるマッシュアップの例として、異なるスタイルの柱から、クラシックとモダンの要素が融合した柱とすることが挙げられる。さらに、その柱を階段や窓と組み合わせて、複数の機能を持つ独自の形を生みだすこともできる。インテリアデザインでは、家具や装飾要素を組み合わせることが可能だ。ランドスケープデザインにおいては、プールの一部でありながら、木を植えるためのポットとしても機能するような、座るための要素を作りだすことが考えられる。マッシュアップは、幾何学的形状、パターン、構造、さらには不定形なブロブ（p.44参照）を結びつけるための手法としても活用される。

種類

- **コラージュ・マッシュアップ**は、個々の要素のもともとの形を部分的に残しつつ、ハイブリッドなデザインを作りだすプロセスである。コラージュのように、もとの用途やコンセプトから形が変わったとしても、当初のスタイルや要素が識別できる形で融合している。デザインプロセスのさまざまな段階で、図面、画像、模型として進めることができ、実際の材料やデザイン要素を組み合わせて構築する方法としても使用される。
- **ブレンド・マッシュアップ**は、異なる要素を融合させ、まったく新しい形に生まれ変わらせる手法である。個々の要素が一体となって生まれた最終的なデザインは抽象的な形状を保っており、構成要素が基となっているものの、その特性をあえて目立たせないようにする。

応用

マッシュアップは建築史を通じてデザイナーによって用いられてきたが、最新のコンピュータ支援デザインや3Dモデリングソフトウェアにより、動的でインタラクティブなバリエーションを生みだすことが新たに可能となった。様式や要素をマッシュアップして建物や構造物をデザインすることで、独特で目を引くデザインを作りだし、環境的、空間的、プログラム的な要件やニーズに応じた形状を開発できるようになっている。

註：マッシュアップを建物や構造物のデザインに応用する場合、異なる建築的アイコンを組み合わせたデザインを生みだすことが考えられる。たとえば、アジャイ・アソシエイツによる国立アフリカ系アメリカ人歴史文化博物館、エティエンヌ・ルイ・ブーレーによるニュートン記念堂、ル・コルビュジエやリノ・ボ・バルディのプロジェクト、地中海の彫刻やアフリカの構造物など。
図：異なるパーツ、建物、要素、人工物、オブジェクトをコラージュしたり、組み立てたりしてマッシュアップを作成し、新たなデザインを作りだすことができる。

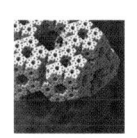

037

パラメトリック

パラメトリックな手法とは、デザイン・解析・シミュレーションのプロセスであり、数学的なパラメーターや統計的な変数のインプットに応じて、モデル、建物、構造を生成・検討する。「パラメトリック」はもともとは数学用語だったが、デザインにおいても、応答性が高く、内外の条件に応じて変化する要素、あるいはプロジェクト全体、建物、さらには都市を結果としてもたらすような、複雑なデザインを指すようになった。入力されるパラメーターには、環境条件、人口データ、移動についての要件などがある。パラメトリックな手法を用いることで、建築部品、建物全体の形状、モニュメント、空間、建築・都市計画の提案など、ユニークなデザインを生みだすことができる。小さなスケールでは、モザイクやテラゾタイルの色の変化や、金属や木製パネルに施されたパターンのような微細なディテールに焦点を当てることが可能だ。より大きなスケールでは、建物全体や道路・公園の形状を決定したり、歩道や公園に必要なストリートファニチャー（ベンチ、街灯、標識、噴水など、街路や道路沿いに設置される物や設備）の数量を提案したり、最適化するための情報を提供することができる。

種類

- **アナログのパラメトリックデザイン**は、数学的なモデルや物理的な実験を用いて、パラメーターに応じた構造・形状・空間を考案する手法である。例として、アントニ・ガウディが重力やおもりを使ってヴォールトの形状を決定した検討用の模型や、フライ・オットーが設計したミュンヘン・オリンピック競技場のテンション構造、セットバック（壁面の後退）が特徴的なニューヨークのアールデコの高層ビルなどが挙げられる。
- **デジタルのパラメトリックデザイン**では、コンピュータ支援のデザインソフトウェアやその他のデジタルツールを活用し、データやパラメーターの入力に対する応答をリアルタイムでシミュレートすることができる。現代の建築・製造・デザインの多くでこの手法が採用されており、空港や駅のネットワーク設計にも応用されている。デジタルプロセスは、3Dプリンティングやデジタルファブリケーションといった現代的な建設手法と組み合わせることが可能だ。

応用

パラメトリック建築は、プロジェクトに関連するすべての条件やパラメーターを考慮することもできるが、建築家やデザイナーがこれらのパラメーターをどのように選ぶかが重要なポイントだ。デザインプロセス、外部からの入力、デザイナーによる選択と活用のバランスをうまく取ることで、資源を最適な方法で活かしながら、持続可能な建物や構造物を効率的にデザインして建設することが可能となる。従来の方法では困難だった複雑な形状を生みだすことにも役立つ。

註：デザイナ　は長年にわたり、教会やスタジアムといった複雑なプログラムを設計する際に、応答性の高いパラメトリックなアプローチを利用してきた。近年ではコンピュータ支援デザインソフトウェアの発展により、パラメトリックなデザインがより広く利用可能になっている。
図：パラメトリックな都市に見られるように、その原則・手法・プロセスは、素材のデザイン、製造、設置、運用から、建物の形状や空間構成にいたるまで、さまざまなスケールで応用できる。

038

3Dプリンティング

機械による立体物の製造

3Dプリンティングとは、デジタルデータから立体物を作成するプロセスである。積層造形（アディティブ・マニュファクチャリング）の一種であり、コンピュータ支援設計（CAD）ソフトウェアや3Dスキャナーを使用して、さまざまな材料を積層させていく、つまり「印刷」するのだ。3Dプリンティングは、材料を正確な形状に積み重ねることで、要素・機器・部品、さらには建物まで作りだすことができる。建築用途における利点として、製造のスピード、廃棄物の削減（効率的で正確な材料使用による）、そして従来の建設方法では困難または不可能だった複雑で精巧なデザインの構築が挙げられる。建築用途の3Dプリンティングでは、コンクリート、プラスチック、金属、ガラス、最近では種子を埋め込んだ土などさまざまな材料が使用され、これらは従来の一般的なコンクリートと同様に建材として機能する。

種類

- **3Dプリンティング**は、オブジェクト、建築部品、構造全体を積層造形できるさまざまな製造技術を包括している。これらの技術によって、材料、耐久性、速度、コストについてのさまざまな選択肢が広がる。使用材料や製造方法の違いによって多様な方式が日々生みだされており、ステレオリソグラフィ（SLA）、選択的レーザー焼結（SLS）、溶融堆積モデリング（FDM）、デジタルライトプロセス（DLP）、マルチジェットフュージョン（MJF）、PolyJet、直接金属レーザー焼結（DMLS）、電子ビーム溶融（EBM）などがある。
- **ラピッドプロトタイピング**は、積層造形の別の形態で、迅速に製造を行うことが可能なため、設計プロセスにおいて使用されることが多い。物理的な部品、模型、組立て部品の試作は、高精度のプロトタイプとしてかなり正確なものとすることも、ラフスケッチや低精度のプロトタイプとすることもできる。

応用

3Dプリンティングは、大量生産可能な建築部品から、さまざまな居住スタイルに対応するパラメトリックモデルまで、幅広い用途に使用できる。マシンに多様性とリモート操作の可能性があることから、危険な場所やアクセスが制限された場所に設置することが可能である。さらには、人間が触れるのに適さない危険材料を使用することもできる。こういったことから、3Dプリンターには地球外や海中での建設デバイスとして利用される可能性がある。持続可能性を考慮すると、世界の温室効果ガス排出量の約40％を占める建設分野において有用な代替手段となりうる。3Dプリンティング技術が進化することで、さらに多くの応用が期待される。

註：3Dプリンティング建築の課題や限界として、プリンターの高いコスト、操作に習熟した人材の不足、建設労働者が機械に取って代わられる（いわゆるオートメーション）の可能性などが挙げられる。
図：3Dプリンティングは、危険な場所やアクセスが制限された敷地で、建設労働者に取って代わることが可能である。例として、火星の表面での建設プロジェクトなど、地球外での3Dプリンティング構造物が考えられる。

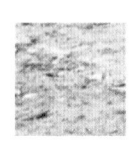

039

ロボットによる製造

製造プロジェクト
ロボットを使った建設、組み立て、

SF映画のように、ロボットが建築を手がける時代がすでに現実のものとなっている。調査段階から建設、メンテナンスにいたるまで、建築設計施工のさまざまな段階でロボット技術が活用されている。ロボットによる製造とは、特定の作業を実行できる機械技術を指す幅広い概念だ。特定の目的に特化したロボットもあれば、多岐にわたるプロジェクトに対応できるものもある。さまざまなサイズがあり、3Dプリンティング、建築部品の組み立て、窓の清掃、電気ケーブルの修理など、多様な目的で利用されている。製造において、ロボットは人間よりも速く効率的に作業を行うことができ、作業員の安全面でいえば、建設現場での危険な作業、重い荷物の運搬、有害な材料への曝露にも対応できる。ロボットを使った建設・組み立て・製造は、ミスを減らし、より複雑な作業を実現する手助けとなる。さらに他の機械やコンピュータと連携することで、建設・検査・デザインプロセスに必要な労働者の数を減らすことが可能だ。

種類

- **固定式ロボット**は、設置場所から動かずに作業を行う。床や天井、壁、その他の支持要素に固定されて、人工物、物体、構造物の建設を手助けする。ぶら下げられているケーブルロボット、直交するスライド軸を持つガントリーロボット、伸縮や回転によって人間の腕のような動作をするロボットアームなどがある。課題としては、建設中の作業範囲が制限されることが挙げられる。
- **移動式ロボット**は、地上・空中・水中を移動しながら作業を行う。自身のサイズを超えた範囲で建設を行い、建設資材を運ぶことができるが、その移動性については、空間、エネルギー、計画、遠隔操作といったさまざまな課題が伴う。
- **群ロボット**（スワーム・ロボ）は、複数のロボットが協調して作業を遂行するネットワークである。このシステムでは小型のロボットが集合体として連携し、協力して作業を行う。移動式ロボットと同様に、群ロボットも自分たちのサイズを超えた構造物を建設することが可能である。

応用

検討用の模型やプロトタイプの迅速な作成から、複雑な構造物や建物全体の建設まで、ロボットはさまざまな用途に利用できる。3Dプリンティングや他の積層造形技術と組み合わせることで、単純な作業から高度な作業までこなし、さらには他のロボットの修理や製造も行うことが可能である。建築家はロボットを活用することで、安全と環境に配慮した建設現場を作りだし、プロジェクトにおける持続可能性を強化することができる。

註：ロボットによる製造の詳細は、シェイダ・シャケリ著「Three Types of Robots in Construction and Manufacturing for Multiple Tasks」（『Parametric Architecture』、2022年8月31日）を参照のこと。
図：移動式、固定式、群ロボットは、建設現場の別の場所で同時に併用することができる。それぞれに特有の利点と限界がある。

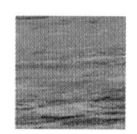

040

リビング・アーキテクチャー

生物を建築素材として活用する

リビング・アーキテクチャーとは、（化学反応を起こしにくい）不活性な素材でできた従来型の建物のうち、結果として部分的あるいは全体的に生物のような性質を持ったものを指す。建築プロセスとしては、成長、収縮、排泄、代謝、免疫の発達、資源の再利用、栄養の提供が可能な建物や構造を提案するものだ。建造環境とは自然の延長であり、関わったすべてのものにとっての有益な循環に寄与する居住環境であるという考えにもとづいている。リビング・アーキテクチャーは生物学とデザインの融合であり、従来のデザイン・建設技術・プロセス・材料に疑問を呈し、その代わりに、建物のあらゆる要素がそこで行われる生命活動と本質的に関連していると考える統合的な実践を目指す。物理的なレベルでは、リビング・アーキテクチャーは建設材料の転換を提案する。コンクリートやガラス、鉄鋼などの不活性な材料に頼るのではなく、菌類や藻類といった生物が育つ構成要素を取り入れている。

種類

- **リビング・アーキテクチャー**は、生物学的プロセスや生物を取り入れた建物、構成要素、デザイン要素である。建物や空間、構造物の性能や維持管理に使用される。具体例としては、自己修復素材やバクテリアを利用した断熱材、コンポストの堆肥による発酵熱を利用するシステムなどがある。リビング・アーキテクチャーの最終的な目標は、これらの要素を統合して、建物全体が代謝機能を果たす包括的なシステムを構築することだ。
- **リビング・アーバニズム**は、リビング・アーキテクチャーの原則を統合してコミュニティに適用したものである。建物単体のパフォーマンスを重視するのではなく、都市そのものを自然の延長として捉え、化学・生物学・デザインを組み合わせることにより、公共インフラや設備を生命活動の一部として考える。

応用

生態学的デザインの　形態であるリビング・アーキテクチャーは、古くから世界中で構想され建設されてきた。気候変動の問題が深刻化するなかで、最新の技術と従来の生態学的知識を組み合わせることで、新たな可能性を見出している。その建物の居住者を育て、癒し、栄養を与えることを目指している。そのために汚染物質や二酸化炭素を吸収し、水を再利用して浄化し、温度調整を行う。都市の再接地化（都市に地球を取り戻すこと）、地球上でもっとも持続可能性と環境への配慮が足りない場所に自然を取り入れることを提案している。

註：リビング・アーキテクチャー、都市の再接地化については、それぞれレイチェル・アームストロングの『Living Architecture』（2012年、TED BOOKS）、アルトゥーロ・エスコバルの『多元世界に向けたデザイン　ラディカルな相互依存性、自治と自律、そして複数の世界をつくること』（2024年、増井エドワード・緒方胤浩・奥田宥聡・小野里琢久・ハフマン恵真・林佑樹・宮本瑞基 共訳、ビー・エヌ・エヌ）といった書籍がある。
図：リビング・アーキテクチャーは、システム、材料、ランドスケープを組み合わせることで生物学的プロセスを取り入れ、生命を育むネットワークを構築できる。

041

エコロジカル・アーキテクチャー

自然との調和を追求する
建築、空間、構造物

エコロジカル・アーキテクチャーとは、異なる生物種や環境とのバランスを保ちながら、空間・人工物・建物・構造物をデザインする手法であり、気候や生物多様性についての多様な要素を考慮する。その実現のためには、敷地に存在するさまざまな関係性を深く理解することが重要だ。エコロジカル・アーキテクチャーは環境への負荷を最小限に抑えることを目指しており、地理的な特性、気象条件、材料にまつわる文化がもたらす影響のあいだでの調和を保つ。周囲の環境や利用目的を踏まえ、気温や空気の流れ、水の循環、デザインが影響を及ぼす生態系まで、幅広い要素に配慮しているのだ。さらに、構造物のライフサイクルや、材料の採取から建設・維持にいたるまでに消費されるエネルギーについても理解している。

種類

- **グリーン・アーキテクチャー**は、環境に優しい材料とエネルギー効率の高いデザインを重視している。具体例には、屋上緑化や壁面緑化、雨水活用、雑排水の再利用、太陽光や風力を活用した発電などが挙げられる。ハイテクな持続可能性やスマート技術（大量のエネルギーや資源を消費して生みだされる）とは対照的に、自然を利用した換気、冷暖房、採光といったパッシブなエネルギーモデルを効果的に活用する。これらの重要な要素を無視して単に「グリーン」と称することは、「グリーン・ウォッシング」（環境配慮をしているように、うわべだけを装ってごまかすこと）と見なされる。
- **サステイナブル・アーキテクチャー**は、建物が自然環境に与える長期的な影響に加えて、その社会的な影響も考慮する。真に持続可能な建築は、環境に配慮した材料やエネルギー効率に関連した要素だけでなく、その建物から直接に影響を受ける人々にも配慮するものである。環境面で優れていても、人々の要求に応えられない建築は持続可能とはいえない。

応用

建築が環境に与える影響について、今日的な観点も多々あるものの、エコロジカル・アーキテクチャーの概念そのものは建築の歴史と同様に古くから存在する。多くの文明において、自然環境、宇宙、生態系、材料、建設技術についての知識を活かし、気候条件や生物多様性を考慮した構造物や空間を設計し、建設してきた。エコロジカル・アーキテクチャーを追求するためには、古代から培われてきた知恵や良識、そして建物や材料、労働力、敷地、周辺環境についての深い理解を統合することが必要となる。

註：建築におけるエコロジカルな原則とは、他の生物種と調和した建物、構造物、空間の創出を目指すことである。エコロジカル・アーキテクチャーでは、敷地や材料、環境の複雑な要素すべてを考慮に入れる。
図：世界の一部の地域では、土を素材として作られたヴォールト構造の建築群が存在する。その形状や敷地との関係性を活かし、湿度、降雨量、熱、光、換気など、その土地固有の環境特性を効果的に利用している。

042

スピリチュアル・アーキテクチャー

精神的な実践、儀式、慣習のための構造物と空間

スピリチュアル・アーキテクチャーとは、精神的な実践、儀式、慣習を促進するために設計された空間や建物、構造物を指す。その概念は建築そのものと同じくらい古くから存在し、儀式や礼拝のための環境や空間デザインが起源である。街全体のレイアウトから、建物、自然環境への小規模な介入にいたるまで、範囲は幅広い。パゴダ（仏塔）、寺院、モスク、大聖堂、シナゴーグ（ユダヤ教の会堂）、教会といった壮大な建築物はスピリチュアル・アーキテクチャーと認識できる形状であるが、一見すると目立たないデザインや空間もある。確立されて組織化された宗教だけでなく、その他の実践や慣習（変化し続けており建築的介入がほとんど不要なもの）にも対応する。

　精神的な実践は信仰体系や慣習によって異なるため、これらの構造物や空間のデザインは、空間に対して異なる世界観を持つ人々（デザインの専門家、経験豊富な施工者、それぞれの精神的実践において指定された人物など）によって行われる。たとえば、空間形式が決まっていない構造物もあれば、特定の儀式や儀礼を行うために一定の要件が必要な精神的空間も存在する。

種類

- **閉鎖型のスピリチュアル・アーキテクチャー**は、精神的な実践や儀式のために設けられた構造物、建物、囲い、空間である。これらの空間は、建物の形状、建設のディテール、装飾の種類、デザインと空間のレイアウト、シンボルの存在、音響特性、色彩によって、内省、教育、畏怖、敬虔、あるいは共感やコミュニティ意識を高めるように設計されている。
- **開放型のスピリチュアル・アーキテクチャー**は、自然にも都市のなかにも見られ、山や森、庭園や湖、空や宇宙といったさまざまな場所と関連性を持ちうる。これらの空間やその連なりは、個人または集団での瞑想や祈りに使用されることがある。散歩道に沿った一連のアイコンや要素、都市内の視認可能な構造物、地形、古墳、地面の素材、特定の景観を切り取った構図や眺望などが含まれる場合もある。

応用

スピリチュアル・アーキテクチャーの用途は、人・文化・信仰体系の数だけ存在する。これらのデザインは、先祖代々のものや現代のもの、世界的なものから地域的なものまで、さまざまな実践に基づいている。具体的な用途としては、個人や集団の成長、精神的実践の方法の伝授、癒し、環境や神聖な存在とのつながりの強化などが挙げられる。単独で設計されることもあれば、他のものと組み合わせられることもある。

註：スピリチュアル・アーキテクチャーの代表的なアーキタイプには、ドーム、ミナレット（モスクの尖塔）、タワー、立方体、チェンバー（閉ざされた部屋）といった構造的な形状、対称性や自然との関係性、地理的に重要な場所（聖地など）との位置関係、および自然環境に対しての観察、瞑想、接触のための空間などがある。
図：スピリチュアル・アーキテクチャーは、特別な場所に、自然との調和を重視して純粋な幾何学的形状で設計されることがある。それぞれの精神的な体制に、自然、空間、人々、宇宙との特定の関係に応じて独自の建築様式が存在する。

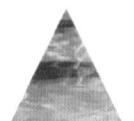

043

マルチセンサリー・アーキテクチャー

多様な感覚と感受性に働きかける空間

マルチセンサリー・アーキテクチャー（多感覚の建築）とは、空間を設計する際に、視覚だけでなく、嗅覚、聴覚、触覚など複数の（またはすべての）感覚を考慮するデザインである。見た目の魅力だけに頼るのではなく、香り、音、手ざわりにも配慮した環境を作りだす。利用者の身体や感覚を通じた体験と、美しさと機能性が結びついた空間を作ることを目的としている。その実現方法として、心地よい香りを放つ素材の使用、穏やかな音を奏でる水景の設置、触れて楽しめる彫刻、表面素材、壁に言語を刻むことが挙げられる。温度調節、風の音、水の流れる音、照明や色彩の使い方も、マルチセンサリーな体験を構成する重要な要素だ。さまざまなテクスチャーや色鮮やかな絵画で飾られた部屋、芳香が漂う庭園、温度調整が可能な床や、歩くことで足音の響きが変化する廊下といった空間も考えられるだろう。

種類

- **触覚的な建築**は、触れられることを前提に設計された建築である。さまざまなテクスチャーや温度変化を感じられる素材を使用することが多い。装飾的な要素のほか、コミュニケーションのためのツールを取り入れることもできる。たとえば建物の壁、床、天井、家具に点字を組み込むことで、視覚障害者が空間をより容易に移動し、建物のレイアウトを把握できる。
- **聴覚的な建築**は、聴覚に働きかける設計がなされた建築である。水、風、音楽、振動する素材など、音を生みだす要素がよく用いられる。
- **視覚的な建築**は、鮮やかな色彩やパターン、独特の形状を取り入れることが多い。
- **嗅覚的な建築**は、香りに焦点を当てた建築である。香りのある素材や植物を使用したり、さまざまな強さの香りを放つ要素を取り入れたりすることが一般的である。
- **味覚的な建築**は、味覚に働きかける建築である。果物やハーブといった食べられる要素や、魅力的な風味を生みだす要素を取り入れることが多い。

応用

特定の感覚に着目したデザイン手法があるが、マルチセンサリー・アーキテクチャーでは、触覚、視覚、聴覚、嗅覚、味覚を並行して、あるいはすべて同時に取り入れる。従来の設計プロセスでは視覚的要素が重視されているが、より包括的かつ多様な体験と感受性を考慮したデザインで、多くの感覚を通して体験できるような建築を作りだせるはずだ。

註：複数の感覚に働きかけることで、建物に没入感を生みだし、視覚的体験に頼らずに多様な感受性を持つ人々を引きつけることができる。
図：マルチセンサリーな空間では、足元や手で感じられるテクスチャー、植物の香り、水の音などを活用できる。スパのデザインには、これらの特徴が取り入れられていることが多い。

044

批評的な空間実践

社会的な慣習に疑問を投げかけ、変化させる空間的介入

批評的な空間実践とは、人々に抑圧的な影響を与える既成の規範・伝統・形式に対して問題を提起するデザインアプローチである。この実践の名前は、批評的な理論、あるいは人間の解放を目指す種々の理論に由来している。批評的な理論は抑圧の状況を解明して変化させることを目指しており、人々に影響を与えるさまざまな形態の支配に対抗するために多様に発展してきた。それぞれの批評的な理論や実践は、人間（あるいは生態系全体でみれば人間以外の生物）に対する支配や従属の規模・次元を明らかにする社会運動との関連で現れたものである。こういった理論は、イデオロギーや社会の構造として表れる抑圧の仕組みを覆して取り除くための社会的探求の枠組みを提供している。そして、社会に対する批評を広げていくなかで、批評的な空間実践は、人種、階級、障がい、エコロジーといった問題に取り組むことを目指している。

種類

- **フェミニストの批評的な空間実践**は、ジェンダーについての批評を軸に、建築のデザインにおいて、社会から除外された女性、トランスジェンダー、ノンバイナリー（自分の性自認が男性・女性のどちらにも明確に当てはまらない、あるいは当てはめたくないという考え）の人々を包摂することを目指すものである。これらの実践の一部は、（黒人女性の経験を中心に据えた）インターセクショナル理論や、（階級、人種、性といった複数の差別・抑圧に関連性があるとする）多重抑圧理論に基づいており、人種、ジェンダー、階級、障がいによる不平等にデザインを通じて取り組む。
- **民主主義の批評的な空間実践**は、批評的対話や行動のプラットフォームとして空間を利用する社会的な取り組み。自分が生活し、働き、遊ぶ場所を自らの手で形作る権利をすべての人が有するという信念に基づいた実践である。
- **エコロジカルな批評的な空間実践**は、環境を保護し、回復させることを目指す。人間と人間以外の生物が相互に不可欠であるという視点から、エコロジーに関する問題を扱う。
- **脱植民地化の批評的な空間実践**は、ヨーロッパ中心主義的あるいは植民地的な論調に疑問を投げかけ、土地の返還プロジェクトや、疎外されたコミュニティがその空間の利用や開発に対してより多くの発言権を持つことを目指すコミュニティ主導の計画に取り組む。

応用

現代社会が直面する多くの問題が緊急性を増すなかで、批評的な空間実践は進化を続け、より多くの人々をデザインプロセスに巻き込むことができる。参加と包摂のプロセスを通じて、社会の権力構造や不平等を検証して疑問を投げかけ、場所やコミュニティの隠された歴史を掘りおこし、コミュニティ形成や新しい世界の創造に取り組み、より公正で公平な建物や都市を計画し、社会的および環境的正義を追求する。

図：（人と集まって手頃な価格で食事ができる）コミュニティ・キッチン、（労働者たちのための新しい生活様式普及や学習の助けとなる）労働者クラブや労働者図書館は批評的な空間実践の例であり、労働、ジェンダー、コミュニティ、場所、知識、ケアといった関係に配慮したものである。活動家による実践の多くは、これらの場をすべての人々の利益のために運営している。

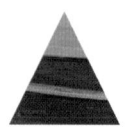

045

社会的公正のデザイン

人々の社会的公平と公正な環境を目指すデザイン

社会的公正のデザインとは、平等を促進して空間・建物・都市のデザインに見られる抑圧の構造に疑問を投げかける実践である。多様な社会的不平等に対処するために使用されてきたこのデザイン手法は、歴史を通じて、疎外されたコミュニティに力を与え、より包摂的で公平な空間を作りだしてきた。誰もが利用できる手頃でアクセスしやすい空間や建物を設計したり、社会的・医療的ケアを提供する場所を作ったり、デザインを通じて社会問題への意識を高めたり、政策に影響を与えたりと、さまざまな形を取りうるアプローチである。社会的公正のデザインは、デザインが世界に対して良くも悪くも影響力を持っていると認識し、デザイナーが意識的に社会の改善に貢献するデザインを目指すべきだと考えている。

種類

- **アクセシビリティ**は、建築における社会的公正のデザインの一つであり、アクセスしやすく包摂的な状況、空間や建物、構造物、デザインプロセスを作りだすことに焦点を当てている。空間や建物の設計に留まらず、異なる感性、能力、障がい、経済的条件を持つ人々がどのようにデザインプロセスに参加するかを考慮する。
- **刑務所廃止**を目指すデザインは、より公平で公正な社会を実現するためには、刑務所やその他の拘束的な罰則や管理に頼るべきではないという考え方に基づいている。社会、経済、政治システムをより公正で平等なものに再設計すること、あるいは罰則ではなく支援や癒しを提供する代替システムのための補助的空間を設計することを含む。
- **ソーシャル・ケア・デザイン**は、社会における人々の福祉に関連する空間を指す。このデザインには、手頃でアクセスしやすい住宅や医療施設、公園や遊び場の設計と建設が含まれる。
- **修復的デザイン**は、社会の中で機能していない、または疎外された人々やコミュニティに不利な影響を与えているシステム、プラットフォーム、構造について検討するものである。過去や現在において影響を受けた人々に対して、デザインを通じて支援、サービス、インフラを提供する。具体的な例としては、差別的な政策や計画の影響を受けたコミュニティ、自然災害や環境災害の被災者が挙げられる。

応用

現代における社会的公正のアーキテクチャーの具体例としては、すべての人がアクセス可能な建物や空間の設計、疎外されたグループに資源や支援を提供するコミュニティ・ハブの設計、環境問題に対処するためのデザインが挙げられる。

図：刑務所廃止を目指すソーシャル・デザインのアプローチでは、刑務所を不要にするための社会プログラムに資源を再投資する。刑務所や拘置所を公園、図書館、遊び場、その他のコミュニティ中心の施設に転換する理想的な条件が生みだされる。

046

ドメスティシティ

住まいと住居における
空間的な政治問題に関与する

ドメスティシティ（家庭にまつわる社会的な諸問題）に取り組む際、デザインの専門家たちは、住まい、住居、ジェンダー、生産、再生産、階級、権力関係に関わる空間的・社会的・経済的な条件を検討する。建築におけるドメスティシティ批判の根底には、とくに歴史的に「女性」として扱われてきた人々にとって、伝統的な住まいは抑圧の場であったという考え方がある。住まいとは、女性が閉じ込められ、料理や掃除・家族の世話といった家事を強いられる空間であると見なされている。したがって、住まいの建築はジェンダーに基づく支配と抑圧の手段であるという。ドメスティシティに対する批判を展開するデザイナー、建築家、計画家、活動家たちは、女性やその他の影響を受ける人々にとって、より自由で解放的な空間や生活環境を提案している。

種類

- **コーハウジング**は、共用スペースや支援プログラムを中心に構成された生活空間であり、住民同士が共同で運営して、責任を共有するコミュニティ環境である。これにより、従来の家庭環境における家事労働の孤立感が軽減される。
- **共同キッチン**は、同じコミュニティ内の複数の人々や家族が共有する調理スペースである。このような空間配置により、人々が集まり、互いのために料理をする空間が生まれ、個人のキッチンで行われていた従来の家事負担を軽減する。女性たちが他の活動に時間を割くことができるようになるとともに、社交や相互サポートの場が生まれる。
- **共同ケアスペース**は、ケアや労働のシステムを支援するために設計された共同生活空間やソーシャル・コンデンサー（p.146参照）であり、コミュニティや社会全体でケア労働を分担するための空間を提供する。多様なケアの形態に応じた共同ケアスペースが存在し、コミュニティをサポートする。

応用

ドメスティシティに対する批判は、建築的、社会的、経済的、政治的な知見から、現在および過去における住まいの状況に疑問を投げかけるものである。これらの批判はさまざまな社会的・経済的要因を観察しており、ドメスティシティの問題に言及するにあたっても、階級、カースト、人種、障がい、慣習、標準的な家族構造といった特徴がジェンダーの議論に組み込まれている。ドメスティシティに着目した批評的な空間実践は、住まいの問題に取り組むことで社会全体がさらに公平で包摂的になることができると考え、より解放的な生活様式に向けたデザインの選択肢を提案する。

図：家庭内での疎外感やジェンダーに基づく労働に対抗するため、フェミニスト的な空間批判は、相互扶助、ケア、サポートのプログラムを統合することを提案する。共同住宅の共有スペースには、遊び場、美容室、そして全員にケアを提供するための空間が含まれることがある。

047

カーボンニュートラル

温室効果ガス排出ゼロを目指すデザイン

カーボンニュートラルなデザインの目的は、建築の設計および建設全般に関連する、二酸化炭素などの温室効果ガスの排出を削減することである。このプロセスでは、建築を成り立たせるためのさまざまな条件が考慮される。具体的には、建物、空間、構造物のカーボンフットプリント（原材料調達から廃棄・リサイクルまでのライフサイクル全体において排出される温室効果ガスを、二酸化炭素に換算して示したもの）、建設方法、素材の生産、建設現場への影響、資源の採取地といった条件がある。これを実現するために、再生可能な素材の使用、建物や素材のライフサイクルの考慮、土地の環境条件の理解と対応、エネルギー効率を高めるデザイン戦略の採用、カーボンオフセット（二酸化炭素の削減活動に投資すること等によって、その排出量を埋め合わせるという考え方）の利用など、さまざまな手段が用いられる。カーボンニュートラルなデザインは、地球温暖化を世界的な重大課題として捉えている。化石燃料の燃焼によって温室効果ガスが大気中に放出され、それが熱を閉じ込め、地球の温度を上昇させる。これにより、極端な気象条件、砂漠化、土地の劣化、食料不安、極地における氷帽（氷河の塊）の融解、有毒ガスの放出、海水温や海面の上昇など、数多くの環境問題が引き起こされる。建設業界はエネルギー消費や素材消費において大きな割合を占めており、世界全体の温室効果ガス排出量においても40％以上を占めている。

種類

- **カーボンニュートラル**（ネットゼロ）な建物や素材は、ライフサイクル全体での二酸化炭素の正味排出量がゼロである。資源の調達から生産、製造、建設、メンテナンスにいたるまでのすべての段階で炭素排出をゼロにするか、（カーボンオフセットの考え方によって）相殺することで達成される。
- **カーボンネガティブ**な建物は、排出するよりも多くの二酸化炭素を大気から取り除く設計戦略や素材を使用する。新技術を活用して回収した二酸化炭素を地下深くに貯留・圧入するか、自然の循環や資源を利用する戦略によって実現される。

応用

カーボンニュートラルやカーボンネガティブを達成するための方法は多くある。たとえば、プロジェクト敷地の近くで調達された再生可能な素材（竹・石・藁・木材など）、地元で調達された羊毛（羊毛には二酸化炭素が多く貯蔵されているため）、埋め立て処分されてしまうような素材をリサイクルしたものを使用することが考えられる。また、新技術を活用して、排出された二酸化炭素を回収・貯留することも可能である。建築家は自分のデザインがもたらすカーボンフットプリントを意識することが重要であるが、より大きな持続可能性という視点からみれば、エコロジカルフットプリント（森林地・漁場といった自然資源の使用）の一部として社会的および環境的要素にも同様に着目すべきである。

図：カーボンニュートラルな建築は、地元で調達された持続可能な素材（木材構造や竹の仕上げ）をもとに、風力タービン、雨水集水、地熱暖房・冷房など、化石燃料に代わるエネルギーを利用することで、カーボンフットプリントを相殺しようとする。

048

再利用

既存の構造物を活用する

建築の再利用とは、建物・構造物・部材の長寿命化を図り、建設廃棄物の発生を抑制することである。再利用をすることで、コスト、持続可能性、生態系や環境への影響、カーボンフットプリント、地域社会への貢献といった側面において大きなメリットがある。その一方で、再利用された建物や材料が、新しい用途や生活環境に見合うようにするための綿密な計画・設計を必要とするといった課題も伴う。建築を再利用する方法は多岐にわたる。まず、既存の建物を新しい、より包括的もしくは環境により配慮した利用、用途、暮らしのスタイルに適応させる方法である。これは、建物の内外に小さな変更を加えたり、あるいは材料の変更、空間やアクセシビリティの改善、部材や空間の追加といった大幅な改修をしたりすることによって実現できる（p.48を参照）。また、別の方法として、既存の建材や部材を新しい建物の施工や他の構造物の改修に再利用する方法もある。従来に廃棄されてきた材料の削減や新たな素材の必要性が少なくなるため、より持続可能な選択肢ともいえる。最後に、あらかじめ再利用を目的とした部材やプレハブの部材を利用することで、幅広いプロジェクトにおいて、資材の再利用を迅速かつ効率的に行うことができる。

種類

- **建築要素や建築部材の再利用**は、既存の構造物の一部を新しい建物の建設や他の既存構造物の改修に活用する際の条件を考慮する。再利用の例として、リサイクル素材や再生部材、プレハブの部材などを繰り返し使用することが挙げられる。
- **建築や構造の再利用**は、アダプティブ・リユース（コンバージョン）としても知られる。建物や構造物を歴史的・文化的保存の一環として、あるいは新たな建設の必要性を低減する経済的でエコロジカルなアプローチとして再利用することが可能である。再利用をする際の課題として、新しい用途に適合させるために資材やエネルギーが必要であることが挙げられる。

応用

建築の再利用にはたくさんの利点があるものの、プロジェクトに着手する前に課題を認識し、初期設計と施工の総合的な適合性を検討することが重要である。綿密な計画とデザインにより、建築の環境負荷を最小限に抑え、経済的および社会的要因に対処することができる。もっとも持続可能な建築とは、そもそも新しい建築を作らないことだという前提からすれば、すでにあるものを再利用することで新たな建設は最小限に抑え、既存の構造物を社会やコミュニティのニーズ・要件に合わせて的確に活用するように促すことができる。

図：産業用の建物は、博物館、ギャラリー、レストラン、水族館、住宅などに転用することで再利用が可能だ。こうした建築的介入は、建物の持つ構造的および空間的特性を理解し、新たな使い道を提案する。

049

建物のライフサイクル

構造物の寿命の各ステージを考慮する

建物のライフサイクルは、プロジェクトの施工前・施行中・施工後、さらには解体にいたるすべてのステージにおけるプロセスと影響を考慮するものである。これは設計デザイン、施工、建物の運用が含まれる。プロジェクトのライフサイクルは通常、初期設計から始まり、建物の解体や使用終了、もしくは部材が再利用される段階までとなる。経済的・社会的・環境的な影響に対処するためには、各プロジェクトに存在する多くの要因やステージを把握することが重要である。建物のライフサイクルにはさまざまな段階があり、プロジェクトの種類によって具体的な手順は異なってくる。

種類

- **計画**には、プロジェクトの設計、実現可能性の検討、建物のライフサイクルの各ステージでの要件（材料から労働力にいたるすべて）の十分な理解が含まれる。この段階では、プロジェクトの建設に必要な多くの判断とプロセスを決定する。計画はプロジェクトの初期段階に行われることが多いが、計画自体は進捗状況に伴って変更したり適応させたりすることもある。また、計画のなかには都市全体あるいはその一部のレイアウトが含まれることもある。
- **製造**では、原材料の採掘、それらが輸送され建材になるまでの過程、さらには建築部材そのものを考慮する。製造におけるフットプリントは、建築要素ができあがるまでに必要なすべての工程、エネルギー、資源を考慮に入れる。
- **施工**は建物の具現化を指す。建物の施工段階には、材料資源、テクノロジー、労働力が関係する。施工の種類によって環境へ及ぼす影響も異なり、それぞれに見合った労働が必要となる。
- **ポスト・オキュパンシー（入居後）**には、定期的な利用およびメンテナンス、また（当初想定されていたプログラムが継続されているか、あるいは別の用途に変わったかにかかわらず）機能を維持するために必要な資源が含まれる。
- **サービスの終了**には、建物あるいは建築部材の使用終了、解体、再利用、転用が含まれる。再利用、修復、分解、取り壊しや解体といったサービスの終了の仕方の違いによって社会的・経済的・エコロジカルな影響が異なる。

応用

プロジェクトや建築のライフサイクルの各段階には、それぞれ独自の課題と機会がある。建物の複雑さを評価する上では、多くの利害関係者たちが各ステージでどのように関与し、影響を受けているかを考慮する必要がある。

註：建物のライフサイクルの一般的な工程には、計画と実現可能性の調査、すべてのステージにわたる設計デザイン、建物の部材の製造、施工、使用開始後の維持管理、運用とメンテナンス、使用終了・解体・再利用・転用といったサービスの最終段階が含まれる。
図：ライフサイクルは建物として機能しているときだけを考慮するのではなく、建築を実現するうえでのあらゆる条件を考慮する。資源の採掘と抽出、製造、施工、維持管理から解体までも含まれる。

050

ポスト・オキュパンシー

居住・利用開始後の建築を考慮する

建築を理解し、デザインし、アプローチする方法の一つであるポスト・オキュパンシー（入居後）は、居住者や利用者がどのように建物・空間・構造物を利用、操作、適応、維持、変化、関与するかを考慮する。図面、写真、動画といった従来の建築の表現媒体は、建物の理想的な姿や活用法を見せる一方で、ポスト・オキュパンシーは期待や計画に反するイメージや物語、体験を表現する。このアプローチは、建物内あるいは建物とともに起こる、複雑かつダイナミックで変化し続ける暮らしを考慮している。設計者やデザイン関係のメディアの視点（記者・デザイン評論家・写真家など）からみた建築の固有の特性や理想的な特徴に着目するのではなく、空間、材料、関係性がそれぞれの利用者、ホスト、ゲスト、テナント、さらには不法居住者に与える影響を反映している。これは環境の制御に人々が直接的または間接的に関与するなかで、生活、混沌と秩序、対立と調和を受容し、緊張と快適（またはその欠如）、アクセスのしやすさ、カスタマイズのしやすさ、さらにはデザインの集団化や民主化に対応する。

種類

- **意図されたポスト・オキュパンシー**とは、建物の望ましい、計画された、もしくは想定された使用に関わる。デザイナー、ディベロッパー、クライアントがもともと持っている意図や目的に応じており、建物が意図したとおりに機能するように暗示することが多い。たとえば、住宅における意図されたポスト・オキュパンシーは、人々、家族、コミュニティ、管理者、働き手が居住空間に触れ、適応し、操作するさまざまな方法を考慮する。空間の初期の利用方法を変更しないうえでの調整も含まれる。他の例として、患者、ケア提供者、サポートスタッフが病院の空間を断続的に共有し、ともに生活する様子も挙げられる。
- **代替的なポスト・オキュパンシー**は、建物の意図された利用方法から逸脱したすべての使用方法が含まれる。これは再利用の一形態である。例として、オフィスビルが住宅やコ・リビングスペースに変わったり、ショッピングモールが学校やコミュニティセンターとしての機能を持つように適応したり、住戸が商業スペースとして改造されたりするケースが挙げられる。

応用

ライフスタイルの数だけ建築がある。したがって、変化し続ける体験、出会いや相互作用の場としての建築の状況に応じて、ポスト・オキュパンシーも多岐にわたって存在する。人々がどのように建物を利用して関わるのかを考慮することで、デザイナーは応答性、適応性、柔軟性の高い建築を設計できる。建物のデザインや利用法は、プランナー・設計者・クライアントだけによって決定されるものではなく、人々が主導権を握って自ら環境の設計を変える力を持っていると考えるのだ。

図：建物内での暮らしを考慮する際、ポスト・オキュパンシーは建築内で行われる日々の作業や活動を含む。美術館の場合は、一般の来館者、展示設営、清掃作業などが含まれる。

051

歴史的保存

歴史的保存は、重要な意味を持つ空間、構造物、遺物、出来事、景観、建物との長期的な関わりに応じる分野である。建物や構造物を保存する理由はさまざまであり、特定の出来事や人物との関係に関連していることもあれば、施設、政府、人々が大切にしている歴史的なストーリーに対応することもある。歴史的保存のプロジェクトは、文化、経済、歴史、記憶、技術、物質的資源など、多くの要因を扱うため、考古学者、建築家、プランナー、地理学者、活動家、科学者、哲学者などの専門知識と協力が必要とされる場合がある。

種類

- **歴史的保存**とは、歴史的に重要な建築物・場所・物を保護および保存することを指す。既存の構造物を修復、維持管理したり、現状のまま保存したり、さまざまな方法で行うことがある。
- **復旧**は、建築物をもとの状態に修繕・修復するプロセスである。建物の外装や内装、またそれぞれに使われる要素や部材が対象となる。
- **修復**は建築物を元の外観に戻すプロセスを指す。既存の特徴的なデザイン要素の清掃や修繕、もとのデザインに相応しい新たなデザイン要素を追加するなど、アプローチの仕方はさまざまである。
- **再建**とは、構造物を一から建て直すプロセスを指す。老朽化などにより構造物が修復不可能な場合や、もとの建築物が取り壊されている場合に必要になる。
- **モニュメント**は、人々やコミュニティ、植物や動物、ある出来事や歴史的ストーリーといった幅広い対象を記念し、称え、追憶するために作られた構造物、彫像、建物、インフラ、景観、空間を指す。
- **記念碑**はモニュメントに似ているが、歴史上の人物や出来事の追悼のみに使われる。

応用

人工物、構造物、空間、景観といったあらゆる対象について、保存・修復・保全などさまざまな歴史的保存の形があるため、そこには多くの課題が存在する。たとえば、歴史的な正確さの確保、古い建物や空間を新しい用途に適応させること、保存にかかるコスト、開発や記憶に関するさまざまな意見、さらには歴史的正確性と感情の対立などが挙げられる。また、現代のモニュメントや記念碑に関する議論では、どの歴史や歴史的ストーリーを記念するべきかという問いが投げかけられることもよくある。

註：保存の手法によっては、構造物、空間、地域の重要性に優劣をつける必要があるため、歴史的保存をめぐる議論では、何をどのように保存すべきか、またその決定や実行を誰が担うのかがよく問われる。
図：歴史的保存にはさまざまなアプローチがある。建物や構造物を時の流れに任せてそのまま経年変化させ、廃墟と調和するような建物、部材、パーツをデザインして、新たな用途を持たせるといった事例もある。

バイオミミクリー（生物模倣）とは、自然を模倣したり、自然からインスピレーションを得たりして、人工物、構成要素、システムをデザインすることを指す。建築においては、植物、キノコ、動物の形状や機能を模した建物やその部材のデザイン、あるいは一つの生態系のように機能するシステムの構築など、多くの場面でバイオミミクリーを応用できる。モデルとして自然を利用しながら、サステイナビリティ、快適さ、効率性、構造的論理や見た目の美しさを実現する。たとえば、建築要素や技術の組み立て、使用段階における持続可能性の枠組みの構築に役立つ。自然の仕組みがどのように見え、機能し、代謝し、成長し、適応しながら進化するかについての知識を取り入れることで、デザイナーは資源や機能を最適化したプロジェクトを生みだせる。明確に自然からのインスピレーションを受けてできたデザインもあれば、バイオミミクリーの論理やパラメーターがデザインの機能性や性能に関わっている場合もある。建築にバイオミミクリーを使用する際の課題としては、自然の模倣と人間にとって機能的かつ実用的なものを作りだすためのバランスが難しいことが挙げられる。また、自然界のシステムに対する深い理解については、複雑で研究が難しいことも多い。加えて建築におけるバイオミミクリーの活用は、特別な材料や技術を必要とするため、従来の方法よりも高価になる場合もある。

種類

- **フォーマルなバイオミミクリー**とは、自然の形状や構造を理解して模倣する研究を指す。クジラのヒレを研究して風車の設計を改善させることや、葉の構造を模倣して太陽光発電パネルの設計を向上させることなどが挙げられる。
- **プロセスのバイオミミクリー**とは、自然のプロセス、代謝、サイクルを理解して模倣する。光合成のメカニズムの研究を効率の良い太陽電池の開発に活かすことや、砂漠植物の効率的に水分を蓄える仕組みを応用した灌漑システムの構築などが挙げられる。
- **システムのバイオミミクリー**は、副機能、つながり、関連性を持った要素のネットワークとして、自然がどのように機能するかを研究する。アリのコロニーの研究を利用した効率的なコミュニケーション・輸送システムや、ハチの巣を参考にした効率的な構造設計などがある。

応用

バイオミミクリーは、自然界にある形態やシステム、プロセスに学び、それを再現することを目的とした科学的研究によって進化している。より持続可能で、再生可能、かつバランスの取れたデザインを追求する。材料の特性、性能、機能性、構造健全性、コスト、材料の入手可能性といったモノと美しさのバランスの課題をうまく解決できれば、可能性がより大きくなる。

図：バイオミミクリーは、自然に見られる形状、システム、プロセスを模倣した建物、構成要素、要素の開発を指す。この例では、一連の建物において、センザンコウのウロコを模して、独特の美しさと機能性を持つファサードシステムが開発された。

053

モバイル・アーキテクチャー

連続的な物理的・社会的な動きに対応する柔軟なデザイン

モバイル・アーキテクチャーとは、動かしやすさ、ライフスタイルへの適応、移設を考慮して設計された建築を指す。その主要なコンセプトは柔軟性である。空間・構造・プログラムといった状況に応じて、個人やグループが自由に利用できる。このシナリオではまず、利用者が生活や共同生活の条件をそれぞれ操作できる理想的な環境を、建築家やデザイナーが提供する。これを実現するために用いられるのがモジュール建築であり、それぞれの構成要素を簡単に着脱することができる。こうして、輸送や新しい場所の組み立てが簡単な構造ができる。恒久的な建築に比べ、モバイル・アーキテクチャーにはいくつか利点がある。まず、自由度が非常に高く、変化するニーズや条件に対して構造を簡単に適応させられる。次に、費用や時間のかかる解体や建設を必要としないため、より効率的である。そして最後に建築のエコロジカルフットプリントを削減できるため、環境により配慮しているといえる。とくに増加する人口のニーズに対応するうえで役立つ。

種類

- **プレハブ式のモバイル・アーキテクチャー**とは、自由度が高く、手頃な価格の宿泊施設やさまざまな用途・プログラムを目的として設計されたユニットである。全体のシステム、ロジック、ネットワーク、インフラといった状況に応じて既成要素が配置、再配置される。必要に応じて交換や更新が可能な構成要素を備えている場合もある。
- **フレキシブルなモバイル・アーキテクチャー**は、プレハブ式のモジュールより適応性を高めたものである。異なる用途に使用できる材料で建設されており、多様な用件や状況に対応できる。建設が簡単であることに加えて、いつでも簡単に解体できることが担保されている。
- **移動式モバイル・アーキテクチャー**は陸上輸送で、あるいは水上、空中を移動することができる。

応用

人口が増加するにつれて、新しい場所や既存の構造物に付随して（あるいは寄生して）迅速に、かつ容易に組み立てられる住宅や複合利用（ミックスド・ユース）のプロジェクトの需要が高まっている。モバイル・アーキテクチャーは、人々の急速に変化するニーズや人口増減に対応するために、素早く建設したり、姿を変えられたりする代替的な建物として考案されたものだ。同様に、気候変動によって変動するニーズにも対応できる。極端な異常気象などが世界中で増える中で、災害を免れるために迅速に、かつ簡単に移動できる構造物が必要となってきている。モバイル・アーキテクチャーはそんな状況に対する理想的な解決策を提供する。

図：静的で恒久的な建築に対して、モバイル・アーキテクチャーは常に変化・適応し、陸上輸送で、あるいは水上、空中を移動できる。多くの建築家やエンジニアが、水上を歩く都市（アーキグラム）、車で移動させる移動式発射プラットフォーム、空間都市（ヨナ・フリードマンとコンスタン・ニーヴェンホイス）などを考案してきた。

054

キネティック・アーキテクチャー

動く建物と構造物

キネティック・アーキテクチャー（動く建築）とは、自ら動いたり、人が動かしたりすることのできるような、建築・構造物・人工物・建築要素を指す。風力、水力、慣性、人力などさまざまな手段で可動できる。要素のスケールでは、構造、ファサード、その他の構成要素の一部が、全体的な構造健全性を損なうことなく動くようにデザイン可能だ。建物のスケールでみれば、完全に可動の構造物を作ることもできる。キネティック・アーキテクチャーには利点と欠点の両方がある。利点としては、ダイナミックで常に変化する空間を作りだせることや、構造自体の動きからエネルギーを得られることがある。一方で欠点としては、構造の複雑化や、特殊な素材、ディテール、要素が必要となること、建設コストの増加、構造が適切に機能し続けるように継続的なメンテナンスを要することが挙げられる。その利用・構築・実施にはさまざまなアプローチがある。たとえば、風力タービンを使用して電力を作りだし、その電力によって建物の他の部分を動かすことや、適切な日除けとなるように太陽の動きに応じて動く方式の日除け装置などが挙げられる。

種類

- **キネティックな要素**とは、建物や構造物の可動部分を指す。建物の環境性能を向上させる要素や、動きによって空間を変化させるパーツが含まれる。
- **キネティックな構造**とは、動く構造全体のことを指す。歩く建物や都市といった理想的なプランや、風や空気で動く構造物が例として挙げられる。

応用

これまでの建築の歴史の中で、キネティック・アーキテクチャーはさまざまな用途で使われてきた。変化する気候や条件に応じて動くパーツを使った、環境応答型の構造物がその一例である。工事現場で用いられる複雑な建設プロセス（先に組み立てておいた建物の一部が最終的な位置に可動するなど）も、動く建築の一種とみることができるだろう。より最近の例では、可動式の日除けを備えた美術館やオフィスビル、各階が回転して姿を変えていく高層ビル、特別なイベントや企画に合わせて変化できる構造物などがある。水・風・熱といった流体によって動力を得るものもあれば、人間や動物によって動かされるものもある。大型のキネティック要素や構造は、電動エンジンやモーターを必要とすることが多い。

図：キネティック・アーキテクチャーには、自動ルーバーで建物表面の構成や性能が変わるものもあれば、階ごとや建物の一部がまるごと可動式となっていて形状が変わってしまうようなものもある。

055

アグリテクチャー

農業と建築を結びつける

アグリテクチャーはその名前のとおり、農業（アグリカルチャー）と建築（アーキテクチャー）の組み合わせである。デザインの実践、哲学、アプローチとして捉えれば、作物の栽培や家畜の飼育ができる条件を建物・構造物・空間に作ることを指す。大規模なスケールでは、自ら食料システムを管理するコミュニティのための空間づくりといった、緊急性の高い環境的・社会的・経済的課題に対して、都市や都市環境が対処する方法の一つとして議論されてきた。都市スケールでは、農地専用あるいは住宅用や商業用としてそれぞれ利用されてきた広大な土地を、人々が暮らしながら食料を生産できる空間へと置き換えることを意味する。特定の農業目的に特化した建物をデザインするだけではなく、農学・生態学・工学と建築の知識を用いて性能と生産性を最大限に活かしながら、幅広い年齢層や境遇のコミュニティが生活できる空間とプログラムを提供する。壁や床、屋根といった建築要素や部材を利用して潜在的な農業面積を拡張し、都市の一部を農業を含む複合用途のスペースへと変えていくのだ。最新の技術や知識を活用することで、多様な建築や環境の条件（屋内外や季節など）に合わせて、農業スペースを確保できる。

種類

- **アグリビルディング**とは、農業目的に設計された構造物を指し、農作物の保管、加工、家畜の飼育、他の用途や仕様と組み合わせた農業スペースなどに使われる。農場や地方だけでなく、街や都会にも存在する。
- **アグリフッド**とは、農業のスペースを地区の一部として取り込んだコミュニティを指す。その目的は、食料生産のためのスペースを職住、レクリエーション、交通の場と一体化させることである。単世帯や複数世帯、複合利用のコミュニティで構成され、場合によっては都市全体の規模まで広がることもある。

応用

アグリビルディングやアグリフッドの種類は、構造物やコミュニティの目的に応じて異なるが、ゾーニング規制（特定のゾーン内で許可される、住宅系・商業系・工業系といった土地利用の分類）や水などの自然資源へのアクセスによっても異なる。コミュニティのニーズ、敷地条件、将来の農作業の管理休制を考慮することが重要である。

図：アグリビルディングは、作物の栽培に使われる構造物や要素を、居住、研究、仕事スペースと組み合わせることができる。この複合利用の構造物の例では、種々の温室の構造が人々の居住空間と一体化している。

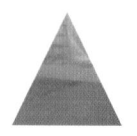

056

フリースペース

最大限の柔軟性と継続的な変化を実現するデザイン

フリースペースとは、自由度や適応力の高い建築条件や自在に変形できるプログラムの設計を指す。従来の建物は固定された構造システム、気候に対する環境制御設備、その他の要素を持つが、フリースペースは構造の仕組みや空間の特性を継続的に適応させる可能性を探求する。空間に特定の機能が割り当てられるのではなく、一時的、もしくは変化するプログラムのように多目的に利用される。たとえば、講堂として機能するフリースペースを遊び場、読書室、食堂へと変化させることができる。事前に計画されない即興のゲーム、サーカス、ダンスステージといったカジュアルな活動にも利用可能だ。また、さまざまな形態の交流の場として利用でき、ソーシャル・コンデンサー（p.146参照）にもなりうる。最適なフリースペースの形態は、自動もしくは手動による効率の良い適応を可能にする機械的および構造的な要素を含む。フリースペースを変える方法の一つとして、簡単に再構成できるモジュールやプレハブ要素を使うことが挙げられる。変幻自在な建物を作る他の方法として、必要に応じて空間を区切ることができる可動式の間仕切壁を利用することもある。さらに、自然光や換気を調整できる開閉可能な窓や天窓を設置すれば、より柔軟に扱える空間が生まれる。

種類

- **フリー・セクション**とは、垂直方向に相互接続する空間を持つ建物を指す。可変式かつ可動式の床、調整可能な動線要素、可動の構造要素が空間の垂直方向の性質や特性を変えていく。
- **フリー・ストラクチャー**とは、可動または柔軟性の高い支持構造を持つ建物を指す。機械、クレーン、動力を用いて移動するトラスで構成されることもある。フリー・ストラクチャーとフリー・セクションを組み合わせることで建物の空間構成を無限に作りだせる。

応用

フリースペースは、もともとは標準的なプログラムや不特定のプログラムを対象にデザインされたものだが、特定のプログラムにも幅広く対応できる。変化する条件に対応する際に便利であり、たとえば、フリースペースを投票所、宗教施設、緊急避難所、病院として使えば、新たに建物を建てる必要はない。

図：フリースペースは、大きな構造であることを活かして、部屋、（空間同士をつなぐ）ブリッジ、間仕切壁、講堂の座席といった建築要素を利用して多様なプログラムや用途に対応して変化するレイアウト・部屋・エリアを作りだす。フリースペースについてはセドリック・プライスのプロジェクト「ファン・パレス」で探求された。

057

歩きまわる建築

絶え間ない移動に対応する構造物

歩きまわる建築（ペリパテティック・アーキテクチャー）とは、簡単に動かしたり、解体して新たな場所に再設置したりできるように設計された建築を指す。従来の建物は重い部材を使用しており、基礎によって地面に固定されるが、こちらは軽量である。一時的で自由度や適応力の高い空間を強調することで、恒久的かつ静的な構造を重要視した、一般的な「動かない建築」に疑問を呈している。その特徴や特性には、ポータブルで軽量な材料の使用、解体と組み立てが簡単であること、空間を効率的かつ柔軟に使用できることが含まれる。軽い材料や柔軟な構造システムを使うことにより、あらゆる地理的条件や気候条件の下で、個人にも集団によっても使用されうる。また、環境や生態系の面での利点もあり、従来の建物に比べて建設材料が少なく、異なる環境条件に合わせて簡単に移動できるため、エネルギー効率が良い。また、軽量で地面に対して負荷が少ないという特性から、カーボンフットプリントが小さく、従来の建築に比べて環境への影響も軽減される。幅広いスケールに対応しており、個人の小さな住居から大きな公共施設まで多岐にわたる。構造物の数量や目的に応じて構成が異なる。

種類

- **単独の歩きまわる建築**とは、個人または集団で使用するために設計された単独の構造物を指す。このような遊動型のインスタレーションは、森林から砂漠までさまざまな環境に設置することができる。個人向けの柔軟な構造から大規模な一時的インスタレーションまで、あらゆる規模で存在する。
- **集合的な歩きまわる建築**は、都市や社会的状況の一部となるような一時的または可動式のインスタレーションの集合体。キャンプで使われるテントやその他の社会的または集団的組織の形で見られる。

応用

歩きまわる建築に使用される材料には、布地、テキスタイル、プラスチック、複合材料などがある。その柔軟性と適応性により、エコロジカルな居住スペース、仮設の音楽フェスティバル、サーカス、難民キャンプ、軍事施設、ポップアップ式の医療クリニック、さらには宇宙探索など、さまざまな環境で使用することができる。新しい材料や環境調整技術の開発によって、幅広いスケール感で多様な場面に利用される。

図：多様な景観の中で、さまざまな形態の歩きまわる建築が居住者に提供しているのは、地面に与える負荷が少なく、現地で採取した材料を取り入れた建築を建てる方法だ。こうした建築には、ユルトやゲルといったテントのほか、小型の飛行船によって空に浮かぶ建築といったものもある。

058

非採掘型の建築

建築のための資源採掘を拒否する

非採掘型の建築とは、天然資源をもとの場所から取り除くことに頼らない建築を指す。つまり、採掘、伐採、その他の方法で地球から直接的に採取した材料を使わないということだ。代わりに、すでに建設されたものを再利用したり、自然採光や通風、雨水の集水といったパッシブ技術を活用したり、建物の使用寿命を伸ばす方法を模索したりする。建物やそれに携わる分野が環境に与える影響に配慮した非採掘型の建築は、建設業界に関係するあらゆる段階・ライフサイクル・副産物について再考する。資源の採取、経済的投機、労働慣行、土地との関係性に関連するさまざまな環境への影響を考慮するのだ。その考え方と実践は、建物の設計、施工、維持、使用終了、解体をとりまく条件に焦点を当てる。建造環境が地球や生態系へ与える負荷を最小限に抑えるために、資材、労働、資源、廃棄物といったさまざまな側面を考慮するだけでなく、社会的・経済的・政治的な条件にも対応する。地域社会と建築の関係、施工と維持管理の実践だけでなく、物質文化、政策立案、市場の状況といったものも考慮する。伝統的な建築家や建築の役割を問い直し、建物の設計や施工のあり方について、これまでとは根本的に異なる代替的な視点を提案するものだ。

種類

- **非採掘型の条件**とは、現在の建築や建設のあり方、資材や資源の採掘、建築が、社会や環境に与える影響について再考するものである。
- **再生の条件**は非採掘型のアプローチと異なり、建築の建設によって損なわれた環境、生態系、社会的条件を回復させることを目指す。

応用

非採掘型の建築には多くの利点がある。建物のカーボンフットプリントを削減し、建設業界による環境破壊の一部を修復できる可能性を持ち備えている。さらに、自然資源の搾取に頼らず公平な社会条件を作りだすことによって、より持続可能で健康的なコミュニティの形成に寄与する。一方で、業界の水準・プロセス・市場・政策といった点においての課題も存在する。その実現には、デザイン、社会、経済、政治といった面での目標について再考し、再構築する必要がある。

図：土着の建築様式が生態系や環境と調和して作られるのに対して、非採掘型の建築のなかには、（材料の調達から使用までのサプライチェーンを短くするという視点から）採掘・堀削・破砕といった既存の採掘の構造物そのものや現場周辺で展開されるものもある。

059

ウェザー・アーキテクチャー

気象を取り入れた空間設計

ウェザー・アーキテクチャー（天気の建築）とは、気象や気候状況を利用しながら体験できる空間や構造物を指す。コンクリート・鋼・木材といった従来の建築に使用する材料に頼るのではなく、雨の滴、水蒸気、気温差のある空気、風、流水で構成される。特定の気象条件を必要とする活動を実施したり、環境現象の検証実験に最適な環境を作りだしたりと、さまざまな用途に使われる。インフラ要素を露出させた状態でデザインに取り込み、気象条件を生成する足場とするものもあれば、特定の場所や空間に異なる気候を作りだす小規模な技術的操作で構成されるものなど、多様なタイプがある。環境に応じた建築を設計するのではなく、ウェザー・アーキテクチャーとは環境そのものである。これらの建築の例として、雲の内部空間をデザインしたものや、滝が壁の役割を持つ建物、常時滞留する霧の中にある公園、居住に適した温熱バブルや冷却バブル（空間を包み込む透明または半透明の構造物）、風のカーテンに囲まれた部屋、砂漠のように乾燥した空間、熱帯雨林のように高温多湿な空間などが挙げられる。人間、昆虫、その他の生物にとって有益な気象条件を適時に正確に提供する建築もあり、一方で自然発生的で動的に変化し続けるものも存在する。

種類

- **ウェザー・ビル**は、一つまたは複数の気候条件を備える構造物全体を指す。気象条件の生成を支えるための構造的・技術的なインフラを備えていることが多い。
- **ウェザー・ルーム**は、小規模の操作によってさまざまな気象または気候条件を生成する部屋。ウェザー・ビルの中に設計されることもあれば、独立した構造物として成り立つこともある。
- **ウェザー・ランドスケープ**は、さまざまな気候条件を体験したり、関わったりできるように設計された屋外エリアを指す。一連の気象操作やデザイン要素を景観に取り入れている。

応用

多様な手法、戦略、技術を取り入れることで、ウェザー・アーキテクチャーは建築を構築するツールや建設資材として、また空間を調整するものとして気候を扱うことができる。研究目的、生態系への配慮、体験的な実験のため、公園、景観、空間、建物として施工され、特定の環境条件を生みだすだけでなく、気候についての課題に取り組むこともできる。これらの建築は、粒子・空気・水をろ過することで汚染問題に対応し、多様な生物や生態系にとって理想的な空間を提供し、天気の機能的な美しさに基づくユニークなデザインを創りだすことができる。

図：ウェザー・アーキテクチャーは、あらゆる生態系が一つの構造物の中で共存できる微気候を形成できる。乾燥した環境と雨の多い環境に二分化されたバイオドームが良い例である。

060

復興建築

自然災害、人為的災害、環境危機のデザイン

復興建築とは、自然災害、人為的災害、環境危機の直後に、迅速かつ安全に展開できる構造物やシステムの設計を指す。生命の損失を最小限に抑え、迅速な復興と、(理想的には)影響を受けたコミュニティの帰還を促進することを目的とする。地震、ハリケーン、台風、津波、火災、干ばつ、土砂崩れなどの災害の直後だけでなく、感染症の流行、化学事故、軍事介入、戦災といったさまざまな情勢に応じて用いられてきた。危機とされるシナリオが多岐にわたるため、復興建築は極めて適応性が高く、効率的なものとなる。あらゆるシナリオを想定し、新たな情報や状況の変化に応じて迅速に修正できる柔軟性が求められる。多くの場合、従来の建設方法では災害時に対応しきれないのが現実である。

種類

- **一般化された復興建築**は、事前に設計・製造・モジュール化された部品で構成されているため、現地で迅速に組み立てられる。危機に起因する未来の状況を考えるにあたり、過去の類似事例からのデータや情報を基に、さまざま場面に対応できるように設計されている。
- **特定の場所に適した**(サイト・スペシフィックな)**復興建築**は、入手しやすい地元の資材を用いて建てられる構造物である。危機の発生直後は、輸入をはじめ、他所からの物資調達がしづらいケースも多く、そういった場面では地元の材料の使用は必要不可欠だ。地元の人々にとって馴染みのある材料のため、工事もシンプルに迅速に進めることができるというメリットもある。

応用

復興建築は、建設のスピードと品質のバランスを取る必要がある。多くの場合、被災による避難生活を余儀なくされた人々や動植物へのシェルターを提供するために、仮設の構造物をいち早く設置することが重要である。なかには食料の保管や調理、医療サービスといった特別な用途のための機械的または建築的な機能が備わっているものもある。

これらの構造物は当然ながら安全で機能的でなければならないが、恒久的な建物と同レベルの耐久性を求められることは少ない。復興建築のデザインは、使用者の心理的なニーズにも配慮が必要である。災害の直後は人々が混乱して不安に駆られることがあるため、秩序や安定感のあるデザインによって安全・安心感を与えることを目指すべきだ。復興建築は、自然災害、人為的災害、環境災害の影響を最小限に抑えるために必要なツールである。

図：速やかに展開でき、自由度が高くて耐久性のある材料で作られた復興建築は、いつ何時でも自然災害や人為的災害によって人々が避難生活を余儀なくされた場合に、時と場所を問わずに設置できるように設計されている。さまざまな形状や構成上の原理を用いて、困難な状況を一時的に軽減することを目的とする。

061

ユニバーサリズム・デザイン

多様な在り方を可能にするデザイン

ユニバーサリズム（普遍主義、またはアンチ・エイブリズム「反・健常主義」と呼ばれる）デザインは、「普通の」人間の身体や心といったものは存在しないという考え方に基づく。設計・計画・構築された環境は、社会の在り方を決めている偏った権力関係が生みだしたものだ。このデザインでは、批判的障害学から学び、「障がい」などの属性を定義する社会規範を研究する。特定の人々にとって偏見や差別の対象となる属性を強めてしまう社会的条件に注目して、建造環境における議論から取り除くのだ。障がいや能力が文化的・歴史的・相対的・社会的・政治的条件によってどのように形成されるのか考察するため、多種多様なアプローチや戦略、ツールを用いる。また、建築要素や空間、構造物や機器だけでなく、建物や都市がどのようにデザインされるか、誰がこれらのデザインや計画プロセスに参入できるのか、さらにはそれを規制する政策にいたるまで、環境や社会における幅広い要素を考慮する。歴史的に、デザインは多くの身体的・精神的な状態や特性を見落としてきた。排除や顕在化といった様式に焦点を当てることが多かったためである。ユニバーサリズム・デザインはさまざまな方法を探りながら、建築における制約や可能性を広範にとらえて思考する。

種類

- **ユニバーサリズムのマテリアルデザイン**では、外部および内部環境・物体の性質・製造プロセスに着目し、それらが人々の能力や特性に応じて与える非対称的な影響に焦点を当てる。具体例として、建物に設置されたスロープやエレベーターが挙げられるが、そのように明確でない場合もある。
- **ユニバーサリズムの体験デザイン**では、デザイン、インターフェース、ソフトウェア、空間などが、さまざまな感覚やコミュニケーション能力を考慮して設計される。
- **ユニバーサリズムの制度デザイン**では、デザイン・計画・規制プロセスに加え、それに伴う説明責任に焦点を当てる。この領域は規則・規制・政策にも関与しており、具体的には法規制の実施、補助金、再分配、福祉といった要素も含まれる。

応用

このデザインは、建物や建築要素といった具体的な形や、ソフトウェアなどのデジタルプログラム、法律や政策立案といった、より抽象的な形で具現化される。障がいが法的に保護される対象として認められ、「エルゴノミクス（人間工学的な）」基準が成文化されたことで、公有財産・職場・教育機関・多世帯住宅などの一定の生活領域においては、限定的ではあるが、介入することが標準となっている。しかし、ただの法令遵守、統計的な解決策、象徴的な（うわべだけの）ジェスチャー、デザイナーとユーザーの二元論にとどまるものではない。特定の人々を排除してしまうような空間的要素が、人工物・プログラム・規制・法規・空間・建物・都市のデザインに対して与える影響を覆そうとする一連のアプローチである。

註：建築とアンチ・エイブリズム・デザインについての詳細は、デビット・ギッセン著『The Architecture of Disability. Buildings, Cities, and Landscapes Beyond Access』（2023年、University of Minnesota Press）を参照。
図：ユニバーサリズム・デザインのアプローチには、さまざまな能力や特性を持つ人々が自由に移動・体験できるよう、複数の動線を備えた空間がある。たとえば、スロープと階段を組み合わせた構造がその一例だ。

062

トランスケーラリティ

機能やプログラムにおいて、
さまざまなスケールやサイズを検討する

「トランスケーラリティ」（「スケールを超越する」という意味の造語）は、さまざまなサイズの建築が媒介する関係性を考えるデザインアプローチだ。名前の通り、そのデザインにおいては、異なる規模のシステム・プロセス・構造が相互に関連し合うものとして捉える。有機物から巨大建築にいたるまで、空間的なスケールが重なり合い、互いに関連するものとして扱われる。こうした相互接続性を前提に、構造・社会・生態系におよぶ多種多様な関係性を構築していく。異なるサイズの戦略を段階的に用いて、大規模で複雑な問題に対処することが可能だ。反対に、大規模な条件が小さな要素やプロセスに影響を与えることもある。デザインや建築を、計画された予測可能な全体像として捉えてしまうのではなく、高度な柔軟性・適応性・可変性があるものだと認識する。トランスケーラリティの建築とは、変動性や適応性、さまざまな入力変数と結果を持つ、非線形の関係性なのである。微小なオブジェクト（要素）がデザイン全体に大きな影響を与えうる一方で、巨大な構造がその内部の極めて小さな要素や構成部材の挙動に影響を与えることもある。また、人々のあいだでの関係を取り持つだけでなく、建物、構造物、建材、機械システム、有機物とのつながりにもなる。スケールを変容させたデザインを行うには、建物がどれだけの有機物を取り込めるのかが、建材の生産量を左右するかもしれない。その建材の量が空気や水の品質を左右し、さらには将来的にどれだけの有機物が生産され、より多くの建材の製造量を維持できるかに影響する可能性もある。

種類

- **マクロのトランスケーラリティ**では、異なるスケールの要素で構成された建築システムやネットワークにおける、全体の挙動を重視する。複数の構造物やインフラがどのように相互に関連し合うのか、また小さな要素や構成要素からどのような影響を受けるのかについて検討される。
- **ミクロのトランスケーラリティ**では、もっとも小さなスケールで起こる変化に焦点を当てる。建築は通常、建物として捉えられるが、ここでは、粒子、有機物、流体、菌類などについてのデザイン要素を検討する。

応用

トランスケーラリティという建築の考え方やアプローチは、環境を構成するさまざまな変数、構成要素、部材を包括的に捉えることをデザイナーに促す。このアプローチを通じて、デザイナーは小さな決定がどれほど大きな影響力を持つか、また肉眼では見えない粒子でさえも人々の生活の質や生態系全体にどれほど大きな影響を与えるかについて、複合的に考察できるようになる。これらの重なり合う関係性を考慮することで、デザイナー、プランナー、政策立案者は、構築環境に影響を与えるさまざまな要因を、より良い形で評価することができる。

図：トランスケーラリティのアプローチでは、菌糸体の生産に必要な条件や資源を検討し、それを建材として発展させて都市の建設にどのように展開していくかを考慮する。都市という大規模なスケールから、地中の小規模なスケールにいたるまで、あらゆるものを結びつけている。

063

インクルーシブ・デザイン

年齢、状況、能力を問わず、あらゆる人に配慮したデザイン

インクルーシブ（包括的）なデザインとは、できるだけ多くの人にとって有用であるために、これまで建築空間やプログラムから体系的に排除されてきたであろう人々のニーズ、感性、状況を考慮すべきだという概念に基づいたアプローチである。プロジェクトに内在する本質的な特性に疑問を投げかけ、どのような「普通」や「標準」が前提とされているのかを広く問い直すものだ。インクルーシブな建築は、エイブリズム（健常主義）についての問題に取り組むだけでなく、人々の習慣、象徴、アイデンティティ、他者や環境との関係に影響する文化的・社会的偏見にも対応する。多様なグループに利益をもたらす可能性があり、とくに、排他的なデザインによって疎外されてきたコミュニティが不条理を乗り越える手助けとなりうる。理想的には、インクルーシブな建築は幅広い条件や要素、戦略を考慮する必要がある。すべての人がより受け入れられる環境、プログラム、条件を生みだし、コミュニティへの参加や安全性を高めることに繋がるだろう。そして何より重要なのは、あらゆる人が参加し、価値を感じられる、よりインクルーシブな社会の実現に貢献できることだ。デザインがどれほどインクルーシブ、あるいは排他的になりうるかについて影響を与える要因は多岐にわたる。そのため、デザイナーは社会的・文化的条件のみならず、空間のレイアウト、デザイン戦略、素材の使い方、色彩、象徴、言語形態、デザイン要素についても配慮する必要がある。

種類

- **共生デザイン**は、できるだけ多様なグループに属する人々を受け入れることを目指す。
- **流動的インターフェースデザイン**は、人々のニーズに応じて即座に再構成できる柔軟なデザイン。
- **自動化・制御デザイン**は、デジタルおよびデバイス機器を統合し、それぞれの人が自分の空間を柔軟に調整できるようにする。
- **カスタマイゼーション**は、「平均」や「標準」といった概念を捨て去り、特定のニーズや好みに応じて変更可能なデザインを提供する。

応用

インクルーシブ・デザインは、あらゆる人がアクセスしやすく、より歓迎される世界を創ることを目指している。しかしデザイナーは、人々にさまざまな形で影響を与える、多種多様な条件があることを認識しなくてはならない。空間のレイアウト、適切なデザイン要素、安全性、快適性、柔軟性、適応性を考慮しつつ、異なる慣習や感性、そして互いの関係性のあり方や環境との関わり方についても十分に理解することが求められる。

図：アクセシビリティを念頭に置くと、ジムはインクルーシブなデザインの一例となる。そこは共生の場となり、多様なグループに属する人々がそれぞれのニーズに合わせて施設や器具を調整して利用できる。

064

高齢者・子ども向けの建築

それぞれのライフステージに応じた建築

高齢者や子どものための建築は、年齢が異なる人々のニーズ、安全性、楽しさを満たす空間レイアウトのデザインおよび建設についてのものだ。介護施設やホスピス、遊び場や保育施設といった、通常の建築とは区別された特殊な例として捉えられるのではなく、むしろ構築環境全体の中心に置かれるものである。この原則は、建築がこの2つの世代のニーズに応えることで、空間全体があらゆる人に対してより親しみやすく、刺激的で充実し、安全なものになるだろうという考えに基づいている。ケア（支援）システムを基盤として、高齢者向け建築と子ども向け建築の両方が、驚きと安全性を提供するなかで心身の活性化を促す空間を創りだすことを目指している。同時に、これらの空間はコミュニティや人々の交流を中心に据えている。こうしたアプローチは、精神的刺激や身体的健康を促進することを目的とし、これまで幾度となく設計されてきた、労働活動を中心にした建築様式に挑戦するものでもある。代わりに、遊び、楽しさ、ケア、娯楽、コミュニティといった他の要素に焦点を当てている。

種類

- **高齢者向け建築**は、高齢者にとってアクセスしやすくて快適な空間を提供することを目指している。安全性や快適性に配慮した建築・空間的要素を提供するだけでなく、身体的・精神的な健康を促し、集団および個人に向けたケアを提供する場を生みだすことによって実現される。
- **子ども向け建築**には、遊び心に満ちた空間的な連続性とレイアウト、発見や好奇心をかき立てる構造物が含まれる。また、乳幼児や子どもたちのさまざまな発達段階に応じた要素が取り入れられている。一般的な特徴としては、鮮やかな色彩や、滑ったり登ったりすることができる構造物といったインタラクティブなデザイン、そして参加を促すために自由にカスタマイズできる仕組みなどが挙げられる。子どもたちが探索して遊ぶことを奨励するために、従来の建築よりも相互作用的かつ魅力的になるように設計されることが多い。

応用

高齢者・子ども向けの建築は、どちらもさまざまな形態や特徴を持ちうる。場合によっては、両方の要素を効果的に組み合わせて、異なる世代がお互いを補完し合う空間を作りだすことも可能である。建築的な観点から見ると、さまざまな体験・感性・安全要件を考慮して、既存の建築に手を加えることで実現可能だ。新規の建築プロジェクトでは、部屋、廊下、浴室のディテールから、照明器具の明るさや色調、壁の配色、建材、家具、空間レイアウトにいたるまで、さまざまなデザイン戦略を組み込むことがある。

図：インクルーシブな遊び場は、高齢者や子ども向け建築の設計思想を統合する理想的な空間となりうる。さまざまなユーザー層の変化するニーズに対応することで、幅広い経験や機会を提供でき、個人および集団の精神的・身体的な関わりを広げられる。

065

動物中心のデザイン

動物の行動、環境、特性に配慮したデザイン

動物中心のデザインは、動物が持つ特有のニーズやダイナミクス（動態）に焦点を当てている。動物には特定のニーズがあり、それを空間設計に反映させるべきだという事実を踏まえている。建築を動物にとってやさしいものにするための方法として、まずはそれぞれの種の生態学的なニーズを考慮した環境を提供することだ。たとえば、食料源・植物・樹木・水といった自然の要素を取り入れることがある。ほかには、動物が周囲の環境や他の種、そして変化する環境条件と相互作用できる機会を増やすことだ。動物の生活空間をデザインするには、変化する気候からの避難や捕食者からの保護など、基本的なニーズを理解する必要がある。動物が健康で安全に過ごせるような、その他の特徴についても同様だ。このデザインのなかには、動物の世話をする人間のニーズも考慮し、安全に管理運用ができる方法を提供するものもある。動物は種ごとに異なる条件や習性があるため、動物中心の建築は多様な形態でデザインされる。特定の種に対して理想的な生態系を再現する独立した構造物や、より大規模で複雑なプロジェクトの一部となるものがある。このようなアプローチは、単一の種を念頭に置いて設計されることもあれば、生態系の繁栄を維持するために、複数の異なる種類の動物を共存させるコミュニティとして設計されることもある。

種類

- **ハビテクチャー**は、ハビタット（生息地）とアーキテクチャー（建築）を組み合わせた言葉であり、野生生物の生息地を構築環境に統合することを探求している。建築は他の人工的な構築物や空間と組み合わせて使用される。ハビテクチャーは、一時的な避難場所や恒久的な住空間として使用され、人間の介入や管理運用の有無にかかわらず機能する。
- **自律型動物建築**は、動物たちだけで利用でき、人間の介入を必要としない建築である。プレハブ式で、さまざまな場所や生態系に設置される。このアプローチで使用される素材は、ときには対象となる動物種の自然生態系を再現する必要がある。

応用

動物中心の建築を設計するには、さまざまな要素を考慮する必要がある。たとえば、音や光に敏感な動物には特定の音響や照明環境が必要かもしれないし、他の種や人間に対して脅威となりうる動物も存在するためだ。できるだけ自然のままの環境に近い状態で生活すべきと考えられる動物もいるため、これらの建築は過酷な気候に耐えるとともに、人の手による管理が極めて少ないか、もしくはまったく無くて済むように設計されている。

註：動物中心のデザインの一例としては、高層ビルのカーテンウォールに半透明のフィルムを取り入れることで、鳥がぶつかるのを防ぐ方法がある。科学者によると、この現象はアメリカだけでも毎年数億羽の鳥が死亡する原因だと推定されている。このようなデザインは、ガラスでできた高層建築物が歴史的に生物に与えてきた悪影響を軽減するのに役立つ。
　「ハビテクチャー」について詳しくは、J.B.マッキノンの『The Once and Future World: Nature As It Was, As It Is, As It Could Be』（2013年、Random House Canada）を参照。
図：絶滅危惧種であるオウムなどの保護や野生への復帰の過程で、避難場所、食料、ケアを提供するための構造物が用いられることがある。

066

コモニング

資源や体験を共有するための空間設計

コモニング（共有化）は、空間や資源を共有することで生まれる一連の関係性を指す。場に応じてさまざまな形があり、手段、状態、プロセス、さらには生き方をも包含する。方法としてのコモニングは、個人・グループ・コミュニティの利害の違いや対立を、自己管理という行為を通じて、互いに調整することが求められる。資源や空間を共有したいと考えるコミュニティに対して、代替となる組織形態が必要だ。その実現のためには、所有権や領土についての既成概念を変え、労働、生産、再生産、蓄積、分配に関する問いを投げかけなくてはならない。さらには、連帯のネットワークを形成し、発展させ、維持するためのプロセスが示唆されている。この種の空間的および組織的な関係性のデザインにおいては、個人および集団の権利を再定義することも必要とされる。コモニングは、協力・分配し合うことに対する日々の実践だ。そしてその究極的な目標は、集団における持続可能なライフスタイルを形成し、コミュニティ内での仕事や資源をバランスよく、平等かつ公平に分配することである。人々が互いに関わり合うことで、「コモンズ」、つまり豊かさの共有が生まれる。これにより、外部の市場や統治への依存を最小限に抑えながら、集団のニーズを満たすことが可能になる。

種類

- **連帯のネットワーク**とは、協力・共同・共有のパターンに焦点を当てた、コモニングの一要素である。いかなる場においても社会的な実践によって、人々が互いに、そして環境とどのように関わり合うのかを示す。
- **提供行為**はコモニングの実践において、集団および個人のニーズが、その集団内で生産されたものやサービスによって満たされるときに生じる。コモニングの建築は、財の不均衡な蓄積を生じることなく、集団的および個人的なニーズに基づいた経済システムを構築することができる。
- **集団統治の形態**は、コモニングにおいて中心的な役割を果たす。コモニングの参加者やコミュニティのメンバーが自らで規則を策定し、それを実施・監視・調整するプロセスを指す。「連帯のネットワーク」がコモニングのシステムであり、「提供行為」が経済モデルであるとすれば、「集団統治」はその政治的側面にあたる。

応用

コモニングの実践は、中央集権的（トップダウン型）および富、資源、土地の蓄積を目的とする資本主義的な計画に反するものである。また、個人間および集団間の相互関係において、異なる在り方を提案する。たとえば、相互扶助や連帯に基づいた社会的交流を媒介するものとして、建築を利用する。そうすることでコモニングは、小規模なコミュニティから大規模なコミュニティにいたるまで、人間と人間でないものや、現在の世代と未来の世代の関係性において、繋がり合うことと互いに支え合うことを促進するのだ。

註：詳細については、IFA（ドイツ対外文化交流研究所）とARCH+による共同プロジェクト「An Atlas of Commoning: Places of Collective Production」（展示および出版物）を参照。
図：共有図書館は、多くのコモニングの事例のなかでも重要な役割を果たしてきた。これらの空間はコミュニティによってデザイン、維持され、すべての年齢層の人々に対して収入に関係なく、教育やコミュニティ支援プログラムを提供している。

067

ソーシャル・コンデンサー

ソーシャル・コンデンサー（ロシア構成主義における建築理論で、階級差のない空間）とは、集団的な交流や活動を促進することを目的とした建築を指す。空間の私的所有や個人主義的なデザインの概念に異議を唱えるものだ。その代わりに、空間要素やプログラムを通じて集団的な社会生活の形を追求し、家事・介護・孤立といった負荷から人々を解放することを目的とする。歴史的にこれらは、人々の交流を促進し、階級の差を打破するための集団的な支援を提供する場であった。ソーシャル・コンデンサーは、公共の広場、産院、高齢者介護施設、遊び場、舞踏室、図書館など、さまざまなプログラムを組み合わせた空間で、異なる集団間の社会的慣習や人間関係を考慮して設計される。都市においてもっとも公共的かつ集団的な場を具現化したものだ。建物や構造物のなかに設計された空間であったり、オープン（開放的）またはセミオープン（半開放的）な空間の境界内に存在したりする。建築そのものが公共空間であり、都市計画の一部として機能する建築なのである。

種類

- **インテリア（屋内）のソーシャル・コンデンサー**は、建物内部でさまざまな複数のプログラムを主催し、社会的な交流や連携を促進するために設計された空間である。このコミュニティ志向の内部建築は、より大きな構造物内のフロア全体や、別々のタワーや建物をつなぐ橋、あるいは建物全体が、建築的要素やプログラムを通じて動的な人間関係を育むことができる。
- **エクステリア（屋外）のソーシャル・コンデンサー**は、人々が集まって交流できる公共または共同空間である。屋外のソーシャル・コンデンサーは、公園、公共の広場、再開発された空き地、道路、未完成の構造物など、多様な形態を取る。そこにはさまざまな活動、イベント、交流が動的に入り混じるように促進するプログラムが組み込まれている。

応用

ソーシャル・コンデンサーは、公共の密度を反映した建築である。技術が進化して公共空間が都市の未来における議論の中心になるにつれ、ソーシャル・コンデンサーは未来の建築の可能性とポテンシャル（潜在的な将来性）について考える貴重な機会を提供している。それは単一の建築タイプ・形態・プログラムによって定義されるのではなく、異なる活動を組み合わせることで、動的な社会コミュニティを生みだすことを目指している。これには、集合住宅、レクリエーションや余暇、貿易や交流、身体および精神活動、スポーツや競技、さまざまな年齢層向けの遊び場、ヘルスケア、教育など、多様なプログラムが含まれる。

註：詳細については、イワン・レオニドフ（1928年）やモイセイ・ギンズブルク（1927年）の『Sovremmenaia arkhitektura（現代建築）』誌掲載の記事を参照。
図：ソーシャル・コンデンサーは、集団的な人間活動の背景として建築を利用する。さまざまな規模で存在し、食事・運動・演劇鑑賞などにおける一般的または特定のプログラムの両方において、多くの人々を集めることができる。

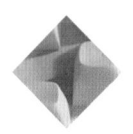

068

参加型デザイン

アイデアの交換と集団討議によるデザイン

参加型デザインは、プロジェクトのデザインプロセスにさまざまな関係者の意見を取り入れる手法である。皆が共通の目標に向かって協力し合う方法を見つけられるように戦略を立てることが含まれており、デザインプロセスを共同で作りあげることで実現できる。プロジェクトにおけるすべてのステークホルダー（利害関係者）に対して、彼らの期待値が平等に検討されることを保証するのだ。参加型デザインの一つの目標は、デザイナーとその空間を使用もしくは居住する人々とのあいだに意思決定のための道筋を構築することである。実践するにはさまざまな方法があるが、一般的なものとしてはワークショップ、フォーカスグループ（グループでの対話形式で自由な発言を促す）、インタビューなどがある。参加型デザインは、初期のコンセプト段階から完成後にいたるまで、デザインプロセスのすべての段階で取り入れることが可能だ。多様な状況やニーズに対して適応可能であると同時に、デザインの専門家から一般人まで、あるいは大人から子どもまで、さまざまな人々を巻き込むことができる柔軟なアプローチである。

種類

- **コミュニティベースの参加型デザイン**は、グループやコミュニティのメンバーと協力して、彼らのニーズに適した空間・プログラム・構造をデザインする、ヒエラルキー（上下関係）の無いデザインプロセス。
- **ユーザー中心デザイン**は、空間を利用する人々の特定の要求や期待に焦点を当て、そのニーズに基づいて空間をデザインすることを重視する。

応用

異なる立場の人々の関係を調整してデザインの合意を目指す参加型デザインは、プロジェクトの多様な利害関係者のあいだで信頼と理解を築くのに役立つ。また、さまざまな手法や戦略を統合することで、楽しく創造的な協働の場となる。参加型デザインのさらなる利点は、ユーザーにとって利用価値の高いデザインを生みだせることである。なぜなら、人々は自分たちの意見が考慮されたデザインを、より多く使用したり好ましく感じたりするものだからだ。一方で、参加型デザインには課題もある。たとえば、デザインの知見がない人々が、どのようにしてプロジェクトの最後まで関与し続ければよいかがわかりにくい場合がある。また、参加者の意見を反映することと、最終的なデザインを実用的かつ実現可能にするということのあいだで、適切なバランスを保つことが難しい場合もある。しかし全体として、利用者の意見・希望・期待を考慮した、より包括的で理にかなったプロジェクトを生みだす強力なツールである。これは協働を通じて、すべての参加者のニーズが検討されることを確認し合うプロセスなのだ。

図：参加型デザインには、異なる人々やグループを巻き込むことができる。学術的で専門的な場においても、そうでない一般的な場においてもだ。たとえば後者においては、コミュニティのメンバーが自身たちの場のデザインに参加するといった形式がある。

069

グリッド

交差する線により
空間のパラメーターを決定する

グリッドとは、交差してネットワークを形成している、線状のシステムのことを指す（線は目に見えることも見えないこともある）。配置の原則および区画化・隣接性・即時性を構成するシステムとして、構造やインフラが互いにどのように配置されるかを定め、空間的な関係性を設定する。建築、都市計画、ランドスケープ（景観）プロジェクトのデザイン、計画、実施において適用できる。建築においてグリッドを用いると、構造要素の配置を定め、空間を組織化するためのガイドラインとなりうる。また、パターンや反復を作りだし、仕切りやその他の空間構成のアーキタイプ（p.18参照）を割り当てるためにも使用される。都市計画では、インフラおよび建物、街路、公園の配置を整理するためにグリッドが用いられる。ランドスケープデザインの一環として、木々、ストリートファニチャー、水景などの配置を決定するための基準線とすることがある。人工物や構造物によってその構成原則であるグリッドが可視化される場合もあるし、グリッドがわからないように各要素を戦略的に配置することもある。デザインプロセスにおいて、グリッドを活用する方法はさまざまだ。一例として、グリッドの存在を強調する直線とデザイン要素を用いて、秩序や構造の感覚を強調する方法がある。または、グリッドで空間を区分けし、ランドスケープや空間または構造内に異なるエリアを設ける方法もある。

種類

- **レギュラー（規則的）なグリッド**は、均等に間隔を空けた行と列に要素が配置されるレイアウトの一種である。これらのグリッドは、パターンや反復を生みだしたり、構造的な論理性を見出したり、基礎的な構成や関係性を定めるシステムとして機能したりする。
- **イレギュラー（不規則）なグリッド**は、より有機的で自由なレイアウトを採用する。非対称性や線のあいだの不均等な間隔を利用して、ユニークな空間や規定パターンを形成する。また、ランダムに見えるレイアウトを生成し、グリッド上に配置された要素間に動的で多様な関係を生みだすために使用される。

応用

さまざまなタイプの構成上のグリッドが、歴史を通じて世界中の建築で用いられてきた。装飾、小さな人工物、家具の製作から、構造物、建物、都市全体のレイアウトにいたるまで、多様なスケールのデザインにおいて使用され続けている。その柔軟性と可塑性のおかげで、グリッドは無数の空間に存在する。三次元ソフトウェアの仮想空間や、橋や高層ビル全体の構造図面にも現れる。

図：抽象的な構成パターンとして、グリッドはランドスケープやそのうえに配置された構造物を含むあらゆる表面に投影できる。スーパースタジオは、その多くのナラティブ・アーキテクチャー（p.66参照）のなかで、グリッド内での生活を想像した。

070

ポスト・ドメスティック建築

家事労働を伴わない生活を促進する空間

ポスト・ドメスティック建築は、従来の家事（ドメスティック）の労働の先にある人間関係を想像する。家事労働は歴史を通じて、不均等で固定的、かつ二元的なジェンダー（性別）の力学を強めてきた。従来の家事労働の性質とは、家庭内で果たす役割というだけでなく、あらゆる社会的、物質的、経済的、空間的な条件に関係するものであった。ポスト・ドメスティック建築とは、ジェンダーに基づく家庭内労働を超えた別の関係性の形を想像するものである。このアプローチでは、住宅単位のスケールにおけるデザインの歴史を問い直す。これらの力学や関係性の空間的表現を維持する一方で、人間関係に影響を与えるような他の多くの要因にも関与する。家庭が構築される空間としての生活単位に焦点を当てつつ、ポスト・ドメスティックな問いは、家庭を越えて都市や経済・政治の領域にまで広がる。無償労働としての家事についての疑問や課題に取り組むことで、労働空間の再構築と再定義、そして生産と再生産のための空間がどのようになりうるのかを検討する。キッチン、寝室、リビングルームといった特定の建築的な人工物や空間について探求するのだ。一方で、家庭が正しく機能し、結果として労働が家庭の領域の外で行われるようにするために、必要なタスクについて考察する。

種類

- **ジェンダーレス建築**は、男性と女性の二元的役割が強く残っている、伝統的な家庭内空間の使い方に挑戦する。核家族やヘテロノーマティブ（異性愛規範的）な家庭に関連する、身体的および感情的労働の種類を考慮する。そして、人々と社会のあいだに見られる、他の関係性に基づいた代替的な建築形態を提案する。
- **搾取のない建築**は、仕事、労働、価値、核家族、ジェンダー、資本主義的な生産と蓄積に対する従来の考え方を変える。同時に、集団性、相互扶助、労働拒否、非二元的空間、非資本主義的生産といった概念について探求する。

応用

多くのフェミニストやトランス・フェミニストのデザイナー、非二元的な思想家が重要なアプローチを展開するなかで、ポスト・ドメスティックな特質は、建築において概念的にも物質的にも影響を与える探求分野となる。キッチンのない建築から、コモニング（p.144参照）、ソーシャル・コンデンサー（p.146参照）まで、さまざまな形態の組織空間は、性別、人種、階級、能力（または障がい）による搾取、抽出、従属に基づかない人間関係を確立しようとしている。これらの建築は、連帯のネットワークと集団のためのデザインが、より良い、より包括的な社会の構築に果たす役割を探求している。

図：従来の家庭空間を見直しながら、ポスト・ドメスティックな関係性は、芸術と食の生産を通じて互いに助け合うということを、実践的な空間を通して形成されうる。

071

エフェメラル建築

一時的で物理的な痕跡を残さないデザイン

エフェメラル（はかない）建築が土地と築く関係は、永続的ではない。資源を抽出して環境を変える建築を提案するのではなく、「もし建築がそこに存在しなかったら？」という問いを投げかける。持続可能な建築アプローチの多くが、建物やその他の構造物が生態系に与える影響を軽減しようとする一方で、エフェメラル建築は、そもそも周辺環境に痕跡を残さない方法を提案する。何年も持続する物質的な存在であることは求められず、建材を製造するために地中から資源を抽出するという従来のアプローチも採用しない。代わりに、周囲に与える影響をできるだけ最小限にすることを目指す。その土地の物質的・環境的・生態学的・社会的な特性を理解することが求められる。たとえば、この建築は掘削、爆破などをせずに得られる有機物を使用して構築することができ、森に落ちている小枝や泥を使って組み立てることが可能だ。また、粘土、氷、砂、土、動物の毛皮、干し草、さらに廃棄されるはずだった再利用可能な素材を使用することもある。すべての場所に適しているわけではないが、こうした材料を集めることが可能な場所では、はるかに持続可能な建設モデルを提供できる。

種類

- **インフレータブル**（膨張可能）**な建築および空気圧の建築**は、空気やガスで満たされた空間で構成される構造物であり、布やプラスチックなどさまざまな材料で作られる。
- **有機物による建築**は、植物、土、動物の皮や毛皮で構成される構造物である。組み立て後、長期にわたって持続・移動可能にしたり（p.126参照）、解体する必要がない形で自然に消滅するように設計される場合もある。
- **紙の建築**は、紙や段ボールで作られた構造物である。シンプルな模型から複雑な建築物まで幅広く、とくに復興建築（p.132参照）として使用されることが多い。また、歴史的に、建築家による政治的な抗議の手段として用いられることもあった。

応用

エフェメラル建築は、博覧会、祭典、宗教儀式、科学研究、または幅広い環境条件下で使用可能な一時的なシェルター（避難所）として、多様な用途で展開される。農地での農具の保管や、悪天候からの機材の保護、サーカスやオリンピックといった短期間だけの芸術、エンターテインメント、スポーツのイベントなどに使われることがある。また、災害救援のための緊急シェルターとしても利用可能だ。

図：インフレータブルルームやアドベ（藁や泥でできた天然の建築素材）によるツリーハウスといった、軽量かつその土地の資源を使用したエフェメラル建築は、森の環境に不可逆的な変化をもたらすことなく設置できる。

072

現象学

体験をもっとも重視するデザインアプローチ

建築は人間の知覚、材料、光、その他の現象との心理的および物理的な相互作用を介して理解される。現象学とは、人々がどのように主観的に建物や空間と相互作用し、理解し、観察し、匂いを嗅ぎ、感じ取るかを説明するものであり、そのようにして一人称の視点から構築された環境を研究するものである。この関係において体験の中心にある構造とは、人がどのようにして空間や物体に対して注意を向け、その情報がどう評価され、記憶され、感じ取られるかにある。人々は身体、記憶、感覚を用いて周囲を体験するため、現象学の特徴は個人的なものとなり、また個人差もあり、同じ人物であってもそのときどきの状況によって異なる。現象学は、内的および外的な多くの要因に依存する。内的な要因には身体感覚、身体スキル、言語が含まれ、外的な要因には社会的あるいは文化的条件がある。こういった要因がその人の身の回りでの体験に影響を与えることがある。現象学には哲学的に異なる学派が存在しており、脳の活動や外的要因が、建築空間との相互作用で起こる意識的な体験や精神的な表象に対してどれほど影響を与えているかについて、見解が異なっている。

種類

- **ゲニウス・ロキ**（土地の精霊）は、建築において、場所や空間が強い精神性やアイデンティティを持っていることを表す用語である。その土地の材料を使用することや、伝統的な形状やパターン、自然環境とのつながりなど、さまざまなデザイン要素を通じて実現される。
- **個人的な現象学**は、個人の主観的な体験を指し、自分自身の思考、感情、知覚が周囲の環境とどのように関係しているかを含む。
- **集団的な現象学**は、グループの意識や知覚を探求するもので、集団が構築環境における体験をどのように形づくるかに重点を置く。これには人々が協力し合って空間の体験を理解し記録するといった、参加型の研究も含まれる。

応用

現象学が提案するのは、建物や空間における人々の感情的・心理的・身体的な体験をデザイナーが想像するための手段だ。建築における異なる体験を創りだすためにも役立つ。たとえば、個々の空間や建物との相互作用や、集団的な体験に焦点を当てることができる。

註：現象学と知覚に関する詳細は、クリスチャン・ノルベルグ＝シュルツ著『ゲニウス・ロキ：建築の現象学をめざして』（1994年、加藤邦男・田崎祐生 共訳、住まいの図書館出版局）およびモーリス・メルロ＝ポンティ著『知覚の現象学』（1967年、竹内芳郎・小木貞孝 共訳、みすず書房）を参照。
図：建築は、水、音、匂い、光、色、材料といった要素から、個人や集団の建築・空間に対する体験や記憶を刺激する現象学的なアプローチを追求できる。

073

隔離建築

集団での人間の接触を避ける空間デザイン

隔離建築とは、人々を分離したり、ユーザー同士の接触を避けたりすることを目的とした構造物のことを指す。このような建築にはさまざまな種類があり、歴史的に見ても、医療の分野では、危険な病気や伝染病から人々を守るために隔離を試みる建築が存在してきた。消毒や隔離がなされた区域、特別な換気や照明システムを備えた構造物、他のコミュニティから遠く離れて建設された施設などが含まれる。また、その他の隔離構造物には、あらゆる形の社会的交流を排除することを目的としているものがある。これには、罰を課すために開発されたものや、特別な瞑想や思索行為のために設計されたものが含まれる。刑務所の独房といった多くの刑罰建築物には、収監された人々の孤立感や社会的断絶感を増幅させる空間が設けられている。こういった独房や拘禁室は、懲罰として使用される「反社会的」な面もある建築の一例である。より大きな社会的および政治的構造のために、社会的な相互作用の排除を正当な罰として位置づけている。他にも、極端な孤立を促す別の形態として、霊的な修行や瞑想のために使われる隠遁の空間が存在する。山奥の閑居・修道院・寺院のような空間では、外界から切り離された感覚を提供し、個人が内省したり、邪魔されることなく精神的な世界だけに集中したりできるような場を提供する。

種類

- **合意による隔離建築**は、自らの意思で自発的に隔離を選択するための構造物やシステムを指す。これには、内省や瞑想などさまざまな理由がある。遠隔地にある隠遁所やバーチャル（仮想）空間など、多様な形を取りうる。
- **非合意による隔離建築**は、個人の同意なく、他者から隔離するために設計された構造物やシステムである。刑務所の独房や拘禁室など、アクセスが制限された建築物が含まれる。

応用

隔離建築にはさまざまな種類があるが、その共通の目的は人を他者から隔離することである。これが自発的な隠遁であれ、懲罰としてであれ、隔離建築物には多様な空間的特徴が見られる。内省や瞑想のための隔離建築は、周囲の環境との関係性を強調することが多く、自然景観に囲まれていることが一般的だ。一方で反社会的な隔離建築は周囲とのあらゆる関係を排除してしまうことがあるため、その倫理的使用について多くの議論がある（p.196を参照）。

図：隔離建築物のなかには、海上の岩島の上に建てられた隠れ家のようなものがある。これらは海や空からしかアクセスできず、到達するのは困難だ。

074

防衛建築

攻撃に対抗して守りを固める空間と構造

防衛建築とは、軍事衝突、社会不安、環境災害に対処するために設計された構造物・建築物を指す。ステルス（隠密）行動のために機能したり、暴力的な力や出来事による破壊に対抗してそれを防いだりするために設計される。防衛建築の一般的な特徴として、要塞、壁、耐久性の高い材料でできたバンカー（貯蔵庫）などが挙げられ、ほとんど、あるいはまったくメンテナンスを必要としない。堀、山、川、森といった周囲の環境を戦略的に利用することもあり、橋やトンネルもその一部である。人々や自然を環境災害から守るための防衛建築には、洪水を防ぐための防潮堤・堤防・護岸のほか、強風に対する防風林やシェルター、地震に耐えるための構造物（頑丈なものも柔軟なものもある）が含まれる。種子（農作物種の絶滅を防ぐため）、資源、情報といった貴重なものを保護することを目的としている防衛建築物もあり、極端な気象条件にも耐えうるように建設されている。軍事目的で建設された防衛建築には、要塞、バリケード、セーフルーム（避難空間）などがある。さらには、周囲に溶け込んでカモフラージュすることを目的としたステルス構造物（p.42参照）も一例である。

種類

- **自立型の防衛建築**は、さまざまな種類の要塞を指す。耐久性の高い材料や幾何学的形状を用いて、予想される攻撃に対して抵抗力を持たせる設計がされている。
- **集団型の防衛建築**は、複数の構造物が相互に関連し合って防衛システムを形成する集合建築である。さまざまなサイズ、機能、材料で構成される。
- **可動型の防衛建築**は、車輪がついていたり、浮遊したり、飛行したりすることで移動可能な構造物を指す。鉄道のレール上に設計されているものや、形状や位置を変えるために用いる複雑な機械や水圧システムの一部として設計されるものがある。

応用

防衛建築は、相手からの攻撃に対する事前の、あるいは反応的な手段として、人々、資源、景観や都市の一部または全体を保護する。建築学、軍事学、科学、工学の知識を組み合わせることで、これらの建築物は耐久性の高い材料で構築され、長期間にわたって強力な攻撃や事故に耐えることができる。これには、核シェルター、要塞、バンカー、城、都市の壁などが含まれる。一方で、防衛建築のなかには一時的な配置を目的として、軽量の材料（布・複合繊維・有機物など）で構成されているものも存在する。これらは、ステルスやカモフラージュ（p.42参照）を目的としたり、紛争が発生する場所に応じて移動できるように設計されたりしている。防衛建築には多くの資源が必要であるため、政府軍のような大規模な組織でしか建設できないものもある。一方で、少ない材料や先端技術を必要としない、より戦略的な防衛建築も存在する。

図：現在も使用されているものから、過去の戦争の残骸として残るものまで、多くのバンカーが広大な景観のなかに建ち、防衛建築の象徴となっている。非常に頑丈で耐久性が高いため、取り壊すことも容易ではなく、過酷な気象条件にも耐えることができる。

075

シミュレーションデザイン

建築とコンテクストの条件を再現するモデル

シミュレーションデザインは、さまざまな技術を活用して、空間、環境、構造に影響を与える条件やプロセスおよび潜在的な結果を再現する手法である。特定の条件や状況についてのデータを収集することで、物理モデルやデジタルモデルを使って、さまざまな事象によって起こりうる結果を模倣することができる。シミュレーションデザインには長い歴史があり、その初期の例は18世紀にまでさかのぼる。しかし、コンピュータがこの分野で重要な役割を果たし始めたのは20世紀後半になってからである。現在のコンピュータは極めて高精度のシミュレーションを作成できるため、デザインアイデアのテスト、建物と人々の相互作用の研究、環境要因や構造物への影響の分析、バーチャルリアリティ体験の創出、映画やアニメーション、ゲームのための空間設計や架空シナリオの生成など、さまざまな用途で利用されている。

種類

- **離散事象シミュレーション**は、個々のプロセスや時間ステップごとに発生するイベントをモデル化する手法である。ここでは現在という時間の段階が完了しないかぎり、次には進まない。建築デザインにおいて、この手法は地震や強風など、さまざまな事象に対して建物がどのように反応するかを予測するために用いられることが多い。
- **プロセスシミュレーション**は、現実世界におけるプロセスの挙動を再現するためにコンピュータ・モデルを使用する。建物がどのように機能するか、人々がどのように移動するかを理解するために役立つ。たとえば、交通の流れをシミュレーションすることで、建物内での人々の動きを改善するためにボトルネック（原因となる要因）を特定してデザイン変更を行うことができる。
- **動的シミュレーション**は、システムの時間経過にともなう挙動を予測するためのモデルを作成するプロセスである。建築デザインにおいては、建物がさまざまな荷重や環境条件にどのように反応するかを予測するために使われることが多い。

応用

シミュレーションデザインは、プランナー、建築家、政策立案者、都市計画の専門家、活動家、研究者、歴史家にとって、建物・構造物・都市・景観をより深く理解するために役立つ。また、シミュレーションは一般の人々に向けて、教育ツール、建物や都市のバーチャルツアー、通常ではアクセスが困難あるいは不可能な環境（絶滅した生態系・海中環境・宇宙探査など）を正確に再現するためにも利用される。さらに、人工知能などの他のデジタル技術と組み合わせることで、建築とデザインの限界を試行錯誤するためにも活用できる。

註：シミュレーションデザインの役割や課題について批判的に探求したプロジェクトや著作については、ドイツの映画監督ハルーン・ファロッキやヒト・シュタイエルの作品を参照。
図：ビデオゲームエンジンにおいてはデータを活用して、建物・景観・環境特性を含む建築シナリオをシミュレーションできる。

076

AI都市

都市のタスクと意思決定を行う
機械やコンピュータ

AI（人工知能）都市は、都市環境における機能、運営、意思決定に関連するタスクを実行するために、データを収集・処理・解読する。また、従来のガバナンス、都市計画、プロセスを補完したり置き換えたりする形で、コンピュータや機械によって決定・実行されるアクションを取り入れている。さまざまな目的を達成するために、多種多様な技術を融合して効果的かつ効率的に資源やサービスを利用することを目指すモデルとなっている。AI都市（類似のコンセプトに、コネクティッド・シティ、デジタル・シティ、インテリジェント・シティ、スマート・シティがある）は、情報通信技術を駆使し、サービス効率、持続可能性、経済発展、ときには警備における業務効率を高めることを目指す。これらの技術を利用しながら統計や特定の因子を作成して、追跡可能な要因や価値の指標を決定することもある。数学的プロセスを用いたそのような指標には、二酸化炭素の排出量、都市の車両や列車の数、運行スケジュールといった客観的なデータがある。さらに都市住民の幸福度、社会福祉、ストレスレベルといった主観的なデータも考慮される。

種類

- **必須サービスモデル**は、交通、医療、教育、監視または公共の安全を提供することに重点を置く。
- **スマート交通モデル**は、交通手段やインフラの改善を目指す。ライドシェア、自転車シェア、公共交通機関などのサービスが含まれ、交通渋滞や環境汚染の軽減を目指している。
- **ブロード・スペクトラム（広範囲）モデル**は、市民参加と上下水道および廃棄物処理といった都市サービスに重点を置き、クリーンエネルギー、スマート照明、環境保護などに対する技術的解決策を探る。
- **ビジネス・エコシステムモデル**は、デジタル情報通信技術、スキル、知識を活用して経済活動を促進する。デジタルスキルの訓練や、高度技術ビジネスの拠点作りを目指すといった経済政策に焦点を当てている。

応用

多くの大都市はすでにAI都市技術への投資を行っており、他の都市でもその導入が議論されているが、これらのプロセスには考慮すべき多くの要因がある。自治体と民間の技術プロバイダーがこれらのリソースを巡って協力や競争をするなかで、責任の所在、市民の関与、合意形成に関する問題が浮上している。AI都市が効率性と接続性の向上を約束する一方で、プライバシーの制限、社会的統制、過度なネットワーク依存、説明責任の欠如といった疑問も残されている。

註：AI都市は、さまざまなプラットフォームやデバイスのあいだで関係を構築する。この仮定において繋がり合うということは、スマートフォン、コンピュータ、自動車、自転車といった個人デバイスが、公共交通機関、建物、市場、公共空間などの集団的プラットフォームに接続してネットワークが形成されるということだ。AI都市は「スマート・シティ」とも呼ばれ、IBMやシスコなどのテクノロジー企業の取り組みによって発展してきた。今日ではスマート・シティに特化した大学の研究機関・政府機関・非政府組織が存在している。
図：人工知能、交通インフラ、公共サービスを統合することで、完全に自動化されたサービスと、歩行者や自転車にやさしい空間を、都市のなかで両立させることができる。

077

自己生成建築

現場で建築部品や要素を生成する構造物

自己生成建築は、技術やバイオテクノロジーを活用して、建物やその要素、構成部材を生成して修復する建築である。人間が介入することなく、建築物が自らの形態や構造を作りだすことが可能となる。自己生成建築は、機械、建物、その他の構造物との相互作用によって生みだされる。自然の素材や仕組みを活用したり、3Dプリンティングのような人工的な手段を使用したりして実現される。人工知能を使用する自己生成建築では、コードやプロセスを自ら生成および修正し、自己改善を行うことができる。これらのプロセスでは、コンピュータがデータを収集し、デザインの意思決定を行い、それが材料の生産や組立プロセスにも影響を与えるようにプログラムされている。この建築においては、従来の建築家や建設作業者の役割は機械に置き換えられる。たとえば、デザイン上の疑問点や課題にリアルタイムで応答し、自らの修復や再生を可能とするものも含まれる。人工知能による自己生成建築の利点としては、より効率的・効果的な設計が可能で、変更点やユーザーのニーズに対して柔軟に対応でき、個々人や集団に最適化されたデザインを生みだせる可能性などが挙げられる。建物や構成要素の設計と建設に必要な時間やリソースを削減し、さらには完成した建築物における全体的な仕上がりやメンテナンス効率の品質を改善するのにも役立つ。

種類

- **合成自己生成建築**は、機械学習と自動3Dプリンティング技術を使用して、プラスチック、ファイバー（繊維）フィラメント、セメントといった合成素材を用いて部品を製造する。
- **バイオテクノロジーを用いた自己生成建築**は、有機物やその仕組みを活用して建物の一部または全体を構築する。これらの構造物は、デジタル技術や人工知能技術を自然素材と組み合わせて形成される。

応用

自己生成建築の利点には、カスタムデザインの作成、特定のニーズに対応する要素や構成部材の製造の最適化、効率的で信頼性の高いシステムの構築などがある。さまざまな用途で使用する新しい材料や構造を開発するために、研究開発分野で使用されることが多い。また、危険あるいは有害な場所においても適用可能であり、人間が居住することが望ましくなかったり不可能だったりする場所でも使用可能だ。例として、極端な気象条件、毒性物質または核物質の廃棄場、火山、深海、宇宙または惑星間の研究探査などが挙げられる。

図：合成自己生成建築の例として、建物の機能や要件に応じて、材料や空間を組み立てて修正するロボットが内蔵された構造物が挙げられる。

078

作者不在の建築

個人の著作権に依存しない集団的なデザインプロセス

作者不在の建築は、プロジェクトデザインにおける従来の著作権の概念に挑戦するものである。このアプローチは、集団的または参加型デザインプロセス（p.148参照）をよりどころとして、デザインプロジェクトに単一の著作権を帰属することを拒否するものだ。「作者不在」のアプローチは、歴史を通じてさまざまな建築において重要な役割を果たしてきた。デザイナーと建築との関係を理解する手段として、著作権・知的財産・著作権法についての考え方がヨーロッパ啓蒙思想に結びついているという、帝国主義的な起源と思想を認識するものである。その主張によれば、ヨーロッパ中心主義の思想や他地域へも展開している法的インフラにより、著作権・知的財産・著作権法が、植民地主義の遺産の中核をなす「進歩」についての考えをいまも助長しており、イデオロギー（社会・政治思想）的に関連しているのだ。またこれらの概念には、創造性や天才性についての仮定や、「架空の作者」像もつきまとう。これに対して、作者不在の建築では、建物・構造物・都市・空間のデザインの歴史が、物質的、概念的、社会的、経済的知識の集大成であると認識している。空間を形づくったり、材料を組み立てたりする方法が、単一の作者の独自のアイデアや創造物ではなく、人間や非人間の両方が環境と関わる一つの手段であるという解釈に基づいている。

種類

- **集団的建築デザイン**は、（ほとんどの建築がそうであるように）多くの人々の手によって作られるだけでなく、デザインプロセスの集団的な側面に着目する。長い歴史のなかで世代を超えて受け継がれている建築知識にも関わっている。
- **自動化された建築デザイン**は、コンピュータを使って歴史的データを収集し、建築デザインを生成するプロセスである。初期スケッチから詳細な計画や仕様の作成までが含まれる。

応用

作者不在の建築は、提案のすべてを個人に帰属させるのではなく、建築は集団的な実践であり、時間を超えて、世代から世代へ、そして異なる文化のあいだで交換され、受け継がれてきた知識の形態であることを正しいと考える。そのような視点から、環境に有害なデザインを見直し、環境とのより良いバランスを保つデザインを生みだすことができる。また、複雑で豊かな建築の歴史を形成してきたさまざまな選択肢・素材・プロセスを認識することで、単なる新しさや創造的な独自性に基づいたアイデアだけでなく、より理にかなったデザインの意思決定を行うことも可能だ。

図：異なる文化が世代を超えて環境的・物質的・技術的な知識を伝承し続け、世界中の洞窟に空間や装飾を刻む伝統を守り続けてきた。これらの作者不在の建築は、集団的な構築の実践に焦点を当てている。

079

デザイン・ビルド

デザインから建設までを一貫して行うプロセス

デザイン・ビルド（設計施工）では、デザインチームと建設チームが協力して、プロジェクトの設計から施工までの全工程を進める作業方法および関係性を確立する。デザイナーが建設会社やその作業者、全体の計画者、戦略家の役割を兼ねることもある。従来の建築プロジェクトでは、デザインと建設の各段階が異なるグループ（建設会社や建設作業者など）によって実行されるが、デザイン・ビルドのプロジェクトでは、タスクや専門分野の境界が曖昧になり、このプロセスのなかで潜在的なデザイナー・ビルダー（建設者がデザイナーとしての役割を果たす）や、ビルダー・デザイナー（デザイナーが建設者としての役割を果たす）が生まれる。デザイナーと建設者が同じ人物またはチームであり、プロジェクト全体に関わり続ける。すべてのプロジェクトをこの形式で実行している事例もあり、このような協働関係には多くの利点がある。プロジェクトのデザインと建設に関わるすべての人々の間で、コミュニケーションや調整がより円滑になるとともに、工程の合理化によって時間や資源を効率的に使用できる。

種類

- **建設者主導のデザイン・ビルド**は、建設業者がプロジェクトの主要な連絡窓口となり、デザインと建設を統括・実行する形式。
- **デザイナー主導のデザイン・ビルド**では、建築家やデザイナーが設計から建設作業を統括・実行する。デザイナーは必要に応じて、建設についての役割を積極的に果たすことも可能。
- **自動化されたデザイン・ビルド**は、従来のデザイナーやビルダーの役割をAIや自動製造プロセスに置き換える形式。AI都市の未来計画の一部として実装されるか、あるいは人が不在の現場で実施されうる。

応用

このアプローチは建築の歴史のなかで長く続けられてきた。伝統的な建設プロジェクトでは、デザイナーと建設業者がそれぞれの役割を担うのが一般的だ。しかしデザイン・ビルドでは作業工程が異なっており、建設業者や建築家として、プロジェクト全体に対して一人だけ割り当てられる。デザイナー・ビルダーが中心となり、プロジェクトの開発者としての役割も果たすこともある。被差別コミュニティや建築サービスへのアクセスが限られているコミュニティとのデザイナーや活動家による取り組みが、そのアプローチの最たるものだ。デザイン・ビルドは、大学や組織における建築教育の一環としても重要な役割を果たしている。そこでは、地域社会にポジティブな影響を与える貴重な学習機会として、デザインやものづくりのプロセスを活用している。

図：デザイン・ビルドの環境では、デザイナーが建設業者やビルダーになることもあり、このモデルはデザイナーと建設作業者、建築プロジェクトのあいだに新たな関係性を生みだす。

080

建設モラトリアム

建設の建築に対する強制的または自主的な制限

建設モラトリアム（一時停止・猶予期間）とは、建築物の建設を停止するための意識的な決定、集団的な選択、法的措置を指す。建物の建設に必要な多くの物質的および経済的資源、さらには社会的・政治的要因を認識したうえで行われる。建設モラトリアムは、特定の地域でのすべての建設活動を一時的に停止する法的命令や、建設を拒否・阻止する形のアクティビズム（活動）を通じて起こりうる。政府関係者、環境保護団体、懸念を抱く市民といったグループによって実施されることがある。建設モラトリアムは、自然災害で発生した緊急復興活動のために課される場合や、公共、環境、生態系、労働者の安全についての懸念に基づいて課される場合もある。一時停止期間は数日から数週間続くこともあれば、さらには数か月や数年にわたって延長されることもある。これには、特定の地域において新しい建物の建設自体を禁止するもの、建設できる建物の種類を制限するもの、特定の種類の建物の建設を制限するものなどがある。

種類

- **一時的な建設モラトリアム**は、特定の地域で新しい建物の建設を禁止または制限する法的命令である。自然災害の後に生じた環境問題への懸念、市民団体や活動家の圧力（政府当局に対して損害を評価して再建計画を策定することを要求するなど）に応じて行われることが多い。
- **永久的な建設禁止**は、特定の地域でのすべての建設活動を停止および禁止する、法的または自主的な命令である。問題の包括的な調査のための時間を確保することがその目的だが、重大な環境的・社会的・政治的問題が発生したときには、特定の場所での建設が永久に禁止されることもある。

応用

建設モラトリアムはさまざまな理由で起こりうる。社会的および環境的な要求に応じたり、歴史的または考古学的な遺跡へのさらなる損害を防ぐために実施されたりすることもある。その猶予期間において都市計画者が新しいゾーニング規制（特定のゾーン内で許可される、住宅系・商業系・工業系といった土地利用の分類）を策定して、その結果、建築の建設が永久に禁止されることもある。環境的・経済的批判の観点では、人々のあらゆる要求を満たす空間を兼ね備えた建築物が世界中にもう十分に存在しているのだから、建設モラトリアムまたは永久的な建設禁止は正当であるという主張が見られる。継続や持続が不可能なほどに地球から資源を抽出・採取しなければならないような建築を非難する意図がある。

註：建設モラトリアムについてのさらなる情報は、シャルロット・マルテール＝バルトによる『A Moratorium on New Construction』（2024年、Sternberg Press）を参照。
図：建設モラトリアムが実施されると、建設プロセスの途中で停止されることがある。このとき建設現場は資源採掘の展示場のようになり、地面には掘削の跡が残り、停止した掘削機が警告テープに囲まれている光景が見られる。

081

ユートピア

理想的または警告的な
社会・都市・国家の建築

ユートピア建築は、現在や過去とは異なる未来に対する願望・希望・理想を表現するものである。ユートピアという言葉の語源はギリシャ語の「ou」（無い）、「topos」（場所）であり、直訳すると「どこにもない場所」を意味する。1516年にトマス・モアの著書『ユートピア』によって広く知られるようになった。つまり、ユートピアとはまだ実現していない理想の空間・地域・都市・国家を指す。しかし、ユートピアという概念は、トマス・モア以前からさまざまな建築が思い描かれてきた。多くの世代や文明において、（ポジティブなものもネガティブなものも含む）さまざまな未来像のインスピレーションの源となってきた。理想的な物語、計画、政治、社会が構想され、夢見られ、望まれ、そしてときには恐れられるなかで、建築はこれらの理想を具現化するだけでなく、変革の手段としての役割を果たしてきた。ユートピア建築は、その実現によって世界を不可逆的に変えると考えられている。このようなデザインは、単体の建物としてではなく、より広範な経済、政治、社会、生態、環境、物質、心理、美学、芸術のシステムの一部として構想・計画・表現される。

種類

- **ユートピア建築**は、理想的な法、政府、社会条件を持つ社会の物質的目標を描くことが多い。建築についてユートピアという言葉が使われる場合、完璧な社会を作りだそうとする試み、あるいは理想的な特徴や価値に合わないものの排除を暗示していることが多い。ユートピアという言葉自体は必ずしもポジティブな意味合いを持つわけではない。平等主義的なユートピアでないかぎり、ユートピアが必ずしもすべての人に利益をもたらすわけではないからだ。
- **ディストピア建築**は、想像上の負の社会を表現する建築であり、悲惨な社会、貧困、暴力、生態系の破壊といった抑圧を特徴とする。社会のもっとも深刻な問題に焦点を当てるためにディストピア的な物語が構築され、既存の状態の歪んだ鏡像として機能することがある。

応用

建築におけるユートピア／ディストピアの考え方は、理想的な社会または悪夢のような社会のビジョンを形づくる手助けとなる。ユートピアは完全には達成されないかもしれないが、社会をより理想的な状態に近づけるための原動力となることを目的とする場合もある。達成不可能でありながらも、目指す価値のある特質を追い求めることが、ユートピア建築に反映されることがある。一方で、デザイナーや物語の創作者は、ディストピアを描くことで、現代的あるいは歴史的な社会問題や不平等を批判したり、将来の経済的・社会的・生態的な危機に対する警鐘を鳴らす物語を作りあげたりすることがある。

図：ユートピアはさまざまな形を取りうる。一般的な建物や都市に起こりうる期待に基づくユートピアもあれば、空に浮かぶ城のように、到達不可能な夢の姿として描かれるものもある。

082

フューチャリズム

特定の方向性で形成された未来の予測

フューチャリズム（未来派）は、社会、技術、政治、環境の未来像を描くものであり、20世紀初頭にイタリアで起こった芸術・建築・社会運動である。スピード、若さ、産業、機械、暴力に魅了された当時のフューチャリストたちが信じていたのは、技術が高度に発展した未来が、時代遅れの現在に取って代わるということだった。現代におけるフューチャリズムとは、未来へいたるさまざまな道筋を示し、モダニティ、発展、資本主義、植民地主義によって歴史的に疎外されたり、脅かされたりしてきたコミュニティ、体験、空想といった形で展開している。

種類

- **アフロ・フューチャリズム**は、黒人の歴史や文化の要素を取り入れた幅広い分野や実践である。広範な地理における黒人と人種の歴史に触れながら未来像を構築するもので、ヨーロッパ、アメリカ、カリブ海、さらには宇宙に離散するアフリカ系黒人についての世界的な議論と計画が含まれる。
- **先住民フューチャリズム**は、芸術、文学、ゲーム、その他のメディアにおいて、先住民族の視点から未来・現在・過去を表現するムーブメントである。先住民フューチャリズムは、植民地主義の影響に向き合い、祖先の知識と実践を回復して再構築しながら、現在から将来へと存在し続けるための道を描く。
- **フェミニスト・フューチャリズム**は、ジェンダー、人種、セクシュアリティ、労働、再生産、技術、社会が交わる点で、現代と未来についてのアイデアを生成する。社会正義やバイオテクノロジーに着目して伝統的なジェンダーの役割に疑問を呈するなど、その扱うトピックは多岐にわたる。
- **テクノ・フューチャリズム**は、未来における産業と技術の役割を肯定的あるいは否定的に強調する。技術が未来を形成していく可能性、進歩に対する信念や懐疑、科学や技術が人類の状態を改善する力を持つかどうかといった点を取りあげている。産業と技術が人類・地球・宇宙の未来に与える影響についてのユートピア的またはディストピア的な視点を持つ。
- **エコ・フューチャリズム**は、環境と技術の問題をフューチャリズムと組み合わせたものである。技術と社会の成功または失敗が、環境と密接に結びついている未来を想像する。

応用

フューチャリズムは、批判的で理想的、かつ遊び心に満ちたダイナミックな未来像を提供するとともに、建築、都市、環境の現在の状況に対する計画と開発にその原則を応用することができる。今日の世界が直面している、もっとも差し迫った課題に対して批判的で代替的な視点を提供する可能性がある。

註：未来についてさまざまな考え方を示唆するフューチャリズムは、文学、音楽、ファッション、芸術、デザイン、建築、都市計画、さらには法律、医療、科学、環境の枠組みなど、多くの分野に適用できる。
図：このアフロ・フューチャリズム的な想像上の風景においては、過去の要素と未来に対するアイデアや希望を組み合わせている。谷だった場所は、象徴的な構造物や先進的な交通手段を備えた湖に変わっている。

083

有機的建築

建築と土地の密接な関係をデザインする

有機的建築（オーガニック・アーキテクチャー）は、建築を地球の一部として、さらにはその延長として捉えようとするものである。自然素材を使用し、周囲環境と調和したモチーフ・プロセス・戦略を用いることに重点を置く。まるでその土地から育ってきたかのように、有機的建築は生態学とデザイン哲学の一部であり、枝が木の一部であるのと同様に、感覚を持つかのような構造・空間・建築が一体的に全体を構成している。これらの建築に含まれるプロセスや関係性は、材料とその調達・製造方法、敷地の選定、場所の歴史、設計者から建設者までさまざまな労働者がプロジェクトに持ち込む知識、装飾、家具、建具、ディテールの選定や設計、建物に反映されたライフスタイルを考慮する。建築が有機的であるためには、周辺の環境を乱すことなく、その敷地の価値を高めるとともに、建物の形態はその敷地の特性に応じたものでなければならない。また、使われる材料は建物や敷地とバランスが取れた調和のある関係を維持すべきであり、それらは現地で調達され、建築が環境に与える生態学的な影響を考慮する必要がある。

種類

- **有機的建物**においては、建築の形状や材料、内外装のデザインは周辺環境の一部であると考える。内部空間は、眺望、空気の流れ、採光といった周囲の環境と直接的な関係を持つ。土地の灌漑に役立ち、在来の動植物が繁栄し続けることのできる空間を提供することが理想である。
- **アーススクレイパー**（空へ伸びるスカイスクレイパーとは反対に、地下へ伸びる）は、その環境の一部になるというダイナミックな方法をとった、大規模な有機的建築である。農業用テラス、現地調達された材料、再生可能なシステムを統合して、廃棄物を出すのではなく、その代わりに建物と自然が相互依存的なサイクルのなかで共存し続ける。
- **ランドスケープ都市**は、建物と土地が連続的に機能するプログラムとなる都市計画である。建築と景観は、生活や生産を行い、資源、レクリエーション空間、エネルギー、食料生産を通じて互いに共存する場所となる。

応用

デザインおよび生活哲学である有機的建築は、人間は自然の一部であって別個の存在ではないことの理解を深めるとともに、建設・活動・自然の調和を促進する。すべての要素が有機的な全体の一部を形成するとして、人間の活動、敷地との統合、構成要素、ディテール、建具の関係、家具や生活習慣の統一された形といったことに着目する。

註：フランク・ロイド・ライトをはじめとする建築家たちによって広められた有機的建築は、自然との調和を求める多くの実践のなかで存在してきた。
図：現地で採取された材料を用いて、風景をほとんど乱すことなく、地面に溝のように建てられた有機的建築もある。

084

クィア・カートグラフィー

異性愛規範に基づくデザインに挑む空間介入

クィア・カートグラフィー（地図学）は、空間や場所についての異性愛規範的かつ家父長制的な考え方や実践をマッピングによって特定し、それを覆すことを目的とする。建築や都市規模で機能しており、ジェンダーや性的排除と抑圧の形態に疑問を呈し、対抗するための解放的な要素を明らかにする多様な実践を含む。現在主流となっている都市計画や建築が、認知・規範化された男性的および異性愛的な実践によって構成され、可視的な景観であると特定することから始まる。そして非男性的・非異性愛的なアイデンティティのために想像・抵抗の実践・解放を説明し、空間を設け、表現する。都市の支配的な地図の下に隠されたものを明らかにし、建築や都市計画におけるLGBTQ2S+（LGBTとクィア、クエスチョニング）やノンバイナリー問題を理解して取り組むうえで批判的、代替的、肯定的な視点を提供する。

種類

- **分析的クィア・カートグラフィー**では、都市における性的およびジェンダー的な排除の空間をマッピングして特定する。文化的な抑圧の実践や、特定のコミュニティや人々に危害を加える政治的な実践が、空間的、物質的、デザイン的にどのような形で現れるかを明確にするのに役立つ。
- **転覆的クィア・カートグラフィー**は、排除的な空間や要素を特定して、クィア性や非異性愛規範を称賛する建築や都市の要素へと変える。
- **クィア・フューチャリズム**は、すべてのアイデンティティが歓迎・保護され、育まれる解放的で喜ばしい未来を探求する。未来の予測という形を取るクィア・フューチャリズムは、ラディカルな包摂と多様なアイデンティティを持つ建築や都市の可能性を想像する。トランスジェンダー、ノンバイナリー（自分の性自認が男性・女性のどちらにも明確に当てはまらない、あるいは当てはめたくないという考え）、トゥー・スピリット（男性的な心と女性的な心を同時に、または女性的な特徴と男性的な特徴を均等に備えている）、ゲイ、レズビアン、アセクシュアル（他者に対して性的欲求を抱くことが少ない、またはまったくない）といったさまざまな可能性が含まれる。

応用

クィア・カートグラフィーの目的には、異性愛家父長制の規範や排除・抑圧の実践を廃止するために、建築や都市計画の生産や文書化の手法を変革することがある。この探求は、都市の性的位置を「スケッチ」し、その輪郭を特定するさまざまな戦略によって行われる。集団としての解放を模索するLGBTQ2S+やノンバイナリーの権利や体験を中心に据えた物語的・批判的・想像的な方法論や歴史記述が発展する。クィア・マッピングは排除の記録を行うと同時に、連帯、自覚、自己決定、楽しみ、喜びの物語も描きだす。その方法論とプロセスは、クィアな未来についての探求や、クィアの歴史と遺産の重要なレガシーを生みだすのにも役立つ。

註：クィアおよびノンバイナリーのマッピングについてのさらなる情報は、ポール・B・プレシアド、VenidaDevenida、レグナー・ラモス、C・ライリー・スノートン、アーロン・ベツキーの著作を参照。また、アダム・ナサニエル・ファーマンとジョシュア・マーデルの『Queer Spaces: An Atlas of LGBTQ+ Places and Stories』（2022年、RIBA Publishing）も参照。
図：クィア・マッピングは、入浴施設、クラブ、図書館、舞踏会場、景観、公園、桟橋、アーカイブといったクィアのコミュニティのための解放的・実験的・共同体的な活動のための空間を特定する。秘密裏に保護された大規模ディスコは、クィアのソーシャル・コンデンサーとして機能しうる。

085

スペース・マジシャン

幻想を通して空間、状況、体験をデザインする

「アーキテクチャー」という言葉自体は、ラテン語の「archi」（「主要な」「原点」といった意味がある）と「techkne」（「作る」「技術」）を組み合わせたものだと言われる。しかし、環境との関係性を操作するさまざまな方法を、このヨーロッパ中心の定義ではなく、他の言葉で表現することはできないだろうか？　南アフリカのズールー語の「umqambi wesino」（「空間の魔法使い」の意味）は、世界をデザインして構築するという実践について想像するための方法になりうるだろう。長いあいだ、特定の伝統・文化・建物についての知識と結びつけられてきた「建築家」という概念は、さまざまなものによって置き換えられ、これまでに構築あるいは破壊されてきた環境との関わり方に、新たな可能性が開かれることとなる。これらの概念により、多様な方法について考えてみることが促され、素材と建物の文化、理想的および概念的なプロセス、世界や宇宙に対する願望やビジョンとの、個人的あるいは生態系の面での関係に取り組むこととなる。スペース・マジシャンは、労働と素材、コミュニティと連帯、生態系、政治、食、音楽を一つの総体として理解するのだ。

種類

- **スペース・マジシャン**は、形を彫刻し、状況や感覚を生みだす者である。未来の形を想像する責任を負う彼らは、過去の重みを知り、歴史の言語を理解している。ここでの「魔法」とは呪術ではなく、形を変容させる力のことである。「スペース・マジシャン」について考えることは、環境の形成をラテン語の「アーキテクチャー」の定義とは別の方法で考えることを意味する。
- **ワールド・メーカー**（世界をつくる者）は詩人であり、世界の創造者、食の生産者、宇宙の周期を理解する天文学者でもある。これらの詩的な占星術師たちは、天体の記憶や規則性を記録することで世界をデザインし、風景、人々と環境の関係、生きているものと非生物の関係についての提案を構築する。世界をつくる者は、混沌と植民地による世界、生活の破壊に対抗する普遍性を提案する。コミュニティと人々を促して、世界を復元してもとに戻していくための実践を形にしていくのだ。

応用

世界の多くの地域において、建築家は特定の責任と期待を伴う職業や学問分野に関連づけられているが、「空間の魔法使い」や「世界をつくる者」といった概念により、世界について考えるうえで、より広範で野心的かつ柔軟な実践の可能性が高まるだろう。グローバル化した実践や経済においては、環境設計を語る際に「建築家」という存在を標準化している。一方で、「スペース・マジシャン」や「ワールド・メーカー」は、別の形で未来を思考・設計・想像する可能性を提起する。

註：スペース・マジシャンについての詳細は、イェゾミ・ウモル、セパケ・アンギアマ、パウロ・タヴァレスが編集した『...and other such stories』（2019年、Columbia Books on Architecture and the City）収録のレズリー・ロッコによる「African Space Magicians」を参照のこと。ワールド・メーカーについては、シルビア・リベラ・クシカンキの「Ch'ixinakax utxiwa: Una reflexión sobre prácticas y discursos descolonizadores」（2010年）を参照。
図：スペース・マジシャンやワールド・メーカーは、ラテン語を語源とする「アーキテクチャー」ではなく、詩、宇宙の知識、環境の理解、風景や人々、生き物と非生物との関係を組み合わせて考える。

086

メタボリズム

身体のように成長し、適応する建築

メタボリズムは、都市や建物を成長・適応・変異できる生物体として捉える設計理念、アプローチ、世界観である。第二次世界大戦後の日本で生まれた思想で、異分野のデザイナーで構成されるグループが、有機的かつ生物学的な成長と融合する建築についてのマニフェスト (p.54参照) を提言したことから始まった。「メタボリズム (新陳代謝)」という言葉にインスピレーションを受け、社会における建築・都市・社会問題に対処する方法を開発して、実験や提案、建設プロジェクトの重要な枠組みとした。メタボリズムとは、生体内で起こる化学反応や、生命維持に必要な細胞の変異・適応・移動を意味する生物学用語である。耐久性に優れた可動式プレハブ素材、動的な支持構造体といった建築の新技術が用いられ、成長、縮小、積層、浮遊する建築物や、陸地、水上などさまざまな表層で増殖する居住用セルを構想している。原則として、メタボリズムの構造物は多様な状況で導入できるフレームで構成されており、人口のニーズに適した形状で組み立てることができる。

種類

- **メタボリズムの海上都市**は、支柱の上や人工島、水上に浮かぶプラットフォームに建設されたモジュール構造物である。地表面には限りがある一方、世界には広大な海が広がっていることを念頭に置き、海上で成長して順応しうる都市である。
- **メタボリズムの空中都市**は、柔軟で適応性のある構造を利用し、空中で接続していく。地表面の建築範囲を最小限に抑えつつ、空中において雲やクラスター (集合体) のように形を変えながら増殖する。
- **メタボリズムの農業都市**は、モジュール構造や居住セルを利用し、農地やその一部として成長する。農地が建築に奪われることを避けるため、建物の一部に農業を統合し、耕作地・水耕栽培スペースおよびその他の農業活動を、適応性のある柔軟な構造体に組み込んでいる。

応用

戦後日本という環境下で提唱されたメタボリズムは、成長・順応していく一時的なものであり、建築物の更新、置換、再生を促すモデルとして今でも用いられている。遺伝子構造などに着想を得たヘリコイド (円筒状のらせん面)、カプセルタワー、二重らせん形状の高層タワーといった形態を持つ。構造物内に居住スペース、病院、職場を提供して、生きている都市を構想する。柔軟で適用性のある想像上の構造は、急激な人口増加に対応したり、再利用可能な建築資材を活用した建築工事によって新築による環境への影響を相殺したりする際のモデルとなるかもしれない。

図：第二次世界大戦後の日本を起源とするメタボリズムにおいては、都市のニーズに応じて順応・成長・縮小することができるモジュールやプレハブ構造、柔軟で移動可能な構造物が構想される。生物学的な構成から着想を得たこれらの建築は、セルやユニットで構成され、円筒状のらせん面、クラスター状、二重らせんといった形状を持つ。

087

ブルータリズム

素材、用途、施工、採掘のありのままの状態

ブルータリズムは誠実で率直な意匠と形態を持つ建築である。フランス語の「ベトン・ブリュット（むき出しのコンクリート）」を語源とし、無骨でありのままの建築材料や意匠の力を表現する建築へのアプローチを意味するようになった。骨材（コンクリートなどを製造する際にセメントや水とまぜる砂や砂利といった材料）、砕石、木目の跡が見える打放しコンクリートが素材を露わにするように、ブルータリズムは建築の造形力を明らかにする可能性を秘めている。この哲学は、建築を可能にする素材や施工、さらには採掘の工程でさえも考慮する誠実さを持っている。建築をただの建物として考える以上に、歴史的・物質的・文化的・政治的な要因が建築環境の形成にどう関わるかを重視する。そして、環境の搾取、採掘における政治的な駆け引き、労働と生産関係が建築の可能性にどのように影響するかを分析する。おもに打放しコンクリートで造られ、装飾の少ない大規模建築を特徴とする1950年代の建築様式から命名されたブルータリズムは、建築の否定しがたい世界的な影響力を象徴するイメージである。採掘や労働の文化に言及し、建築物が、環境・人々・情報への影響を通じて初めて可能となる道具であると位置づける。それは、人新生（人類によって引き起こされた地質的変化の時代）の建築を想像するだけでなく、建築物が、破壊、流出、破砕、汲水、地割れ、爆破を記録する装置であることを示唆している。

種類

- **ブルータリズムの建築**は、建築的表現や生産のツールを駆使して建設プロジェクトを形成し、建築を成立させるあらゆる力に取り組む。これらのプロジェクトはコンクリート、大理石、鉄骨、ガラスなどの建設資材を可能とするエネルギー、経済、政治を説明する。
- **ブルータリズムの都市計画**は、世界中の都市に形を与える原動力に着目する。これらの研究や論説は、資本の流れ、政治的影響、富やエネルギーの蓄積、ごみの排出、（別の場所で生産されることが多い）資源の消費について明らかにする。
- **ブルータリズムの景観**は、作られた自然、樹木や湖によって偽造された歴史の層、そしてこれらのプロジェクトを実施してきた政治について物語る。

応用

モダニズムやアヴァンギャルドの建築が過去を切り離して未来へと楽観的に進んでいく一方で、ブルータリズムは表現や描写のツールを駆使して過去を建築に刻み込む。ブルータリズムのアプローチや思考は生態学的・社会的正当性を問いながら、多くの人間的・環境的葛藤の中心的な道具として、建築がその責任を問われることを明確にする。

註：哲学的アプローチとしてのブルータリズムは、アリソンとピーター・スミッソン夫妻、ル・コルビュジエによって発展した元来の建築運動、および哲学者アシル・ムベンベの著書によるアイデアを組み合わせている。
図：建築に対するブルータリズム的アプローチは、大地に傷をつけ、亀裂を入れ、採掘するための機械をさらけだしている。建築の抽象的なイメージに埋もれてしまうのではなく、資源を搾取するために土地を変質させた装置を、ブルータリストのイメージが暴きだすのだ。

088

アヴァンギャルド

世界を変えることを目指したデザインへの実験的アプローチ

従来のデザインや世界の捉え方に挑み、根本的に異なる関わり方を模索するのがアヴァンギャルド的な思考だ。伝統に疑問を投げかけ、新しい形態や方法論を生みだす実践の長い歴史の一部であり、過去や現在と鮮明に対比させながら、未来へ進む方法をモデル化する。この言葉はフランス語を語源とし、軍隊の最前線部隊を意味している。同様に、アヴァンギャルド建築は革新的なプロジェクト・提案・アイデアをもって未来に向かって猛進する。アヴァンギャルドのグループはその時代において一般的となっている慣例と対立しがちであり、彼らの活動がデザインや建築分野の一部として認識されないことも多い。その手法は特定の意匠・スタイル・方法論を持たないが、従来のものに取って代わるような最先端のデザイン提案、方法論、表現戦略、テーマへの関与、働き方を考案し、発展させる役割を持つ。建築における実践は、時代、建築家、場所、プロジェクトに応じて幅広く変化する。ある時代、場所でのアヴァンギャルドは、別の時代や場所ではアヴァンギャルドでないこともありうる。しかし、建築におけるアヴァンギャルドの実践に共通するのは、珍しいあるいは革新的な材料の使用、型破りな形態やデザイン、実験的な施工方法、社会的・文化的・政治的および環境的な重要課題への関与などである。

種類

- **アヴァンギャルド建築**は、過去と決別して未来へ進むことを提案する。現在の慣例との明確な差別化を図るため、技術的・物質的・概念的なイノベーションに依存する。
- **アプレギャルド建築**は、歴史的な要素を新しい方法で扱う道を模索し、未来志向を持つアヴァンギャルドの実践に代わるものを提示する。アヴァンギャルドの実践が目新しさや過去との明確な差別化を図る一方で、アプレギャルド的な思考では、過去の戦略、形態、方法論、プロセスを再利用することを理想とする。

応用

歴史を振り返ると、アヴァンギャルドの実践は分野の境界を突破することに挑戦しており、発展させた哲学をさまざまなプロジェクトやメディアで表明してきた。ポスター、建物、記念碑、舞台装置、演劇、衣服のデザイン、マニフェストの執筆、公開イベントの開催などがアヴァンギャルド手法の例として挙げられる。建築における実践や思考には、枠組みや慣例に挑戦する能力のほかに、ユニークで革新的なデザインを創造する能力がある。そのアプローチは建築や建築環境についての新しい発想や考え方を生みだす助けとなりうる。建築におけるアヴァンギャルドの実践を潜在的に応用する例として、実験的な建物や構造物の設計、新たな施工方法や建設資材の開発、新しい生活や働き方の探求が挙げられる。

図：20世紀に見られたように、アヴァンギャルドのグループは、演劇、舞台、衣装デザインなどによって、世界を変えるためのビジョンを表現してきた。これらの行為は、美学や政治的理念を一般大衆に広めるためのプラットフォームとして機能した。

089

多様なモダニティ

社会的変革を実現し、生活環境を改善する計画

多様なモダニティ（近代性・現代性）とは、開発、近代化、進歩、繁栄についての多くの計画、ビジョン、アイデア、さらには、こうしたプロジェクトが作られて破壊されてきた環境を表す姿である。ヨーロッパ中心主義的な特定の強制的な世界観であった「モダニティ」においては、建築や都市の開発戦略を結びつけるが、多様なモダニティは未来・歴史・伝統のアイデアとの多角的な関わり方を視野に入れている。ヨーロッパ中心主義的なモダニティは、啓蒙主義や植民地主義に結びつく中立的な普遍主義の一形態として信奉され、機械の美、装飾の拒絶、工業製品との関係、西洋社会、思想、価値観の優越性に紐づいた特定の意匠・技術・様式だ。一方、多様なモダニティには、世界中で独自に展開している多くの歴史的アイデンティティやプロセスが含まれ、芸術、建築、都市、宇宙についての幅広い実践から成り立っている。建築が環境とつながってその一部となるための別の方法であり、異なる意匠的指標や組織原理、価値体系を提供しているのだ。大量工業生産に依存しないさまざまな素材を持ち、地球を修復不可能なまでに荒廃させることなく、建設に利用することができる。テクノロジーは軍事的緊張の高まりの影響を受けずに進化可能で、世界の終焉を考えるよりも、新しい経済や政治的モデルを構想することが容易となる。

種類

- **文脈的モダニティ**は、それぞれの風景・領土・状況に応じた共同体や集団の営みを中心とした実践や思考を指す。拡大や占領ではなく、自給自足の共同体、持続可能な実践、生物や無生物を守る建築と結びついている。地域的なモダニズムの大半は、同時多発的に発生し、互いに干渉せずに調和を保つことが可能である。
- **普遍主義的モダニティ**は、特定の進歩・発展・成長の形式を至上とし、覇権を握ったモダニティが必然的なもので、かつ止められないものだ、という考えと結びついている。
- **多元世界的モダニティ**は、単一のモダニティではなく、世界中には複数のモダニティが存在するという考え方を指す。この思考は、さまざまな世界的紛争、問題、願望に対する連帯の実践について述べている。

応用

歴史を振り返ると、建築は近代化のプロセス・発展・進歩に貢献してきたものの、いまや（建設、森林伐採、工業化、資源採取によって引き起こされる）気候変動問題の中心に自らが陥っている。モダニティは、世界的な破壊活動を引き起こす典型的な仕組みや事業を繰り返すことがないように、設計者や一般市民に別の枠組みを提供して、未来を迎えることができるようにする。

註：トランス・モダニズムについての詳細は、エンリケ・ドゥッセルの著作を参照。多元世界論についての詳細は、アルトゥーロ・エスコバルの『Pluriversal Politics: The Real and the Possible（多元世界の政治：現実と可能性）』（2020年、Duke University Press Books）を参照。
図：建築物は、世界各地の地域社会の在り方や暮らし方を、似通った形で示す。これらの現代性は異なった時期、また互いに並行して起こる。アマゾンの熱帯雨林に存在するシャボノの住居、中国の福建土楼、アフリカのグレート・ジンバブエ遺跡、カリフォルニア州のアップル・パークなどがその例である。

090

ポストーコロニアル建築

植民地化の影響を緩和し、支配されない生活を考え直す

ポストコロニアル建築（植民地支配が終わったあとも残る、帝国主義的な背景と結びついた表現様式）は、植民地主義の影響下およびその影響を乗り越えた世界を探究する、フューチャリズムによる実践の一形態である。植民地主義がもたらす影響、収奪、（文化や価値観の）導入、計画、制度化、建設、破壊といった多くの方法について考察する。カリブ海および後に南北アメリカ大陸として知られる土地にヨーロッパ人が到達し、植民地支配を実践したことから始まったポストコロニアル建築は、社会、政治、領土、景観、都市、知識といった問題に取り組んできた。この空間知識の分野は、植民地支配の経験や暴力から生まれた社会の歴史的変遷に基づくだけでなく、植民地主義の実践・方法論・建築が、今日でもあらゆる形で世界中に残っている現実を示唆する。その探究では、批判や代替案を提示するために、記号、肖像、記念碑、象徴、建物、構造物、区画規制、不動産取引、資源搾取、労働条件といったテーマが扱われる。ポストコロニアルは多元的で矛盾を孕んでおり、中央集権的な秩序と見かけ上の無秩序、不動の堅牢性と危険な不安定性、見かけ上の非公式性と硬派な形式主義、といった諸々の多元性を反映した建築を生みだす。

種類

- **ポストコロニアルの探究**（Postcolonial：一つの単語として）は、植民地支配から脱した新興の民族国家の建築に取り組む手法である。人文科学や社会科学から教訓を得ながら、植民地主義の計画・法制度・物質的および建築的遺産などについて探究する。植民地となってからの生活の現実と、解放後の理想を取り扱う。
- **ポストーコロニアル**（Post-colonial：ハイフン付きの表記）は、カリブ海のプランテーション（植民地において、支配国への輸出目的で開発された大規模農園）を支配していた残虐で搾取的な統治が有機物のように世界に波及するとどうなるのか、と問う新たな概念である。この状況や考え方・計画では、その植民地の特徴となっていた統治体制や建築が他の場所でも標準となる。ここでの「ポストーコロニアル」は植民地由来の生存、抵抗、解放の概念を提供しており、地球規模の切迫した課題を理解するために緊急の知識として必要となりつつある。

応用

植民地的な条件において、あるいはその後の状況で何が可能かを想像するには、デザイナーや計画者はサインやシンボルを解読しなければならない。同時に、過去を参照して象徴的な言語を提案するとともに、解放、主権、共同体、エンパワーメントの新しい発想を誘発する言語も提示する必要がある。ポストコロニアルの状態についての問いかけは、公共空間、公共建築や制度、都市論、エネルギーおよび持続可能性、富の蓄積、景観や資源採取との関係についての問いかけでもある。

註：詳細については、アシル・ムベンベの『Provisional Notes on the Postcolony（ポストコロニーについてのメモ書き）』（1992年、国際アフリカ研究所ジャーナル誌「アフリカ」）を参照。
図：ポストコロニアル建築は建てるというよりもおもに撤去することかもしれない。この例では、植民地時代の搾取経済の一部であったサトウキビのプランテーションが、公共の広場から撤去された植民地時代の記念碑で溢れかえっている。

091

パノプティコン

継続的な監視体制を実現する空間条件

パノプティコンが追求するのは、継続的で途切れることのない監視体制を実現するための文化、建築、インフラだ。理想的な監視体制を持つ監獄の研究から名づけられたこの構想は、監視が必要な建築における偏在性を意味するようになった。この哲学におけるパノプティコンとは、監獄の一種である以上に、建築的な規律権力のモデルを指している。本来のパノプティコンは、受刑者たちを互いに隔離するように設計・施工された監獄のデザインである。独房は放射状に配置され、中央の監視塔に立つ看守から見渡すことができる。収容者はいつ監視されているかが分からないため、常に監視されているという前提で振る舞わなければならない。こうして監視される側の自己監視を見込むことによって、実際の監視や大がかりな物理的制約を設けるよりも、より厳重な管理を実現している。

このシステムの根幹には階層的な監視体制、不透明性の欠如（常に看守に姿を晒している状態）、監視に対する同意の欠如に基づいた監視・管理システムが存在する。継続的な監視体制や規律による統制、独特な規律の制御および刑罰の使用に基づいた、（管理する側にとって）理想的な抑圧・監視・管理システムを象徴している。このような関係において、監視は治安維持や刑罰のための建築と結びつくこととなる。孤立を強制する刑罰行為が実施されて、権威によって監視されていない、あるいは認可された階級に応じて管理されていないいかなる関係性も終結させられてしまう。パノプティコンは、警察署や刑務所はもちろんのこと、データを集積するデータセンター、インターネットインフラ、公共空間や建物内の監視カメラにも当てはまる。

種類

- **デジタル・パノプティコン**は、コンピュータ、スマートフォンやインターネットを通してすべての分野に存在するようになった、監視のサイバネティックス（生物と機械における制御と通信を統一的に認識する理論体系の）ネットワークを指す。
- **物理的パノプティコン**は、監視と統制の構造を物質的・建築的に表現したものがすべて含まれる。ここでの監視は、安全性や私有財産の概念に関連づけられる。

応用

技術が発展するにつれ、日常生活のさまざまな側面を記録する監視文化や建築に対する関心とともに、パノプティコン批判が高まっている。その現代的な影響を考慮した建築が創出するのは、プライバシー侵害を伴う監視技術や、増加する刑務所と軍事産業複合体との関連性の先にある生活様式だ。建築がデジタルでよりつながってオープンかつ透明なものとなることを目指すのであれば、私的な領域を守るためのセキュリティ体制を強化するような技術のリスク評価もしなければならない。

註：パノプティコンという構想はイギリス人哲学者のジェレミ・ベンサムによって18世紀に発案された。詳細については、ミシェル・フーコーの『Discipline and Punish（監獄の誕生―監視と処罰）』（1975年 Gallimard）を参照。
図：刑務所デザインの種類を説明するために当初考案された監視建築は、今では世界中の国境に配置されている。これらのインフラには、壁、塔、気球など目に見える構造物や、赤外線カメラ、衛星カメラなどの目に見えない構造物もある。

092

廃止主義建築

奴隷制度、刑務所といった弾圧的な制度を廃止するためのデザイン

刑務所は動産奴隷制（奴隷をその所有者の動産とする社会制度）モデルの延長上にあり、刑務所を廃止することで、社会に蔓延している制度的弾圧の形態に対処したことになる、という原則に基づく建築を廃止主義建築という。より効率的で、人道的に改善された刑務所・留置所・拘留施設の設計を提案するのではなく、刑務所を不要にする社会支援・福祉形態に資源を投資すべきと主張する。その点で、廃止主義建築は、刑務所の代替モデルの設計よりも、公園、一般向け住宅、地域ケアセンター、無償で利用できる学校や病院、コミュニティ・ガーデン、レクリエーション空間などの設計と関係が深い。禁固刑廃止の一環として、廃止主義建築は、治安維持や監視のインフラおよび構造にも取り組む。この議論では、治安維持や監視は、監獄ビジネスの存在を可能にするインフラや建築の延長線上にある。警察署、国境でのパトロール、民間警備会社や準軍事組織が占有する建物、軍が建設・使用する建物は、都市や国家を超え、地政学的な国境を超えて拡大している。これらは廃止主義者にとって、弾圧、治安維持、投獄に基づく巨大システムの一部なのだ。反刑務所活動家から学んだこの廃止主義の実践は、刑事司法制度を改革するだけでは不十分で、完全に廃止するべきであると主張する。廃止主義は、人々を檻に入れて管理することで社会がより安全になるという考えを否定し、代わりに、コミュニティへの投資という永続的な代替案を想定する。弾圧、強制、管理、投獄の建築を排除し、支援、コミュニティ、ケアの建築の創造を目指す。

種類

- **修復的司法**とは、不正や弾圧によって傷つけられ、破壊された社会をその前の状態に戻すことを目指す。修復的司法の建築は、賠償や破壊された社会の要素を修復することに焦点を当てる。
- **変革的司法**は、損害が再び発生しないようにコミュニティを根本的に変え、変革することを目指す。変革的司法の建築は、正義、コミュニティ、解放に基づく別の世界を想定する。

応用

留置所や独房の設計、あるいは非合意的な隔離（p.158参照）の建築形態に反対するなど、建築の実践ではこれらの廃止に向けたさまざまな段階を模索してきたが、廃止主義建築は、拘留、取り締まり、監視といったあらゆる形態に対して明確に反対する立場を取る。

註：刑務所廃止については、活動家で教授のアンジェラ・Y・デイヴィス、研究者で地理学者のルース・ウィルソン・ギルモア、クリティカル・レジスタンス（監獄ビジネスの廃止を訴える団体）の著作を参照。
図：コミュニティへの参加と社会正義が強調され、拘留が時代遅れになれば、刑務所などの建物は変貌し、かつてその場所に生息していた生態系に戻ることができる。この図は、自然保護区になった刑務所の想像図である。

093

反人種主義建築

人種差別的な慣習やプロセスを暴露し、打破するデザイン

反人種主義建築は、物質、形式、インフラに見られる人種的抑圧の体制に焦点を当てる。建築や都市は、ブラック・フェミニズムの実践から、こうした活動に資金拠出をし、構想し、望んでいる機関の政治的基盤に呼応する方法を学んできた。カリブ海のプランテーションで生まれ、のちに世界中に拡散した経済・計画がもたらした暴力や、恐怖政治における歴史的・物質的つながりと関連する反人種主義的な建築アプローチである。これらの概念は、入植や植民地化の過程が環境を変容させ、破壊し、改ざんする方法を説き、黒人、有色人種、先住民を支配・服従させ、弾圧することを歴史的に可能にしてきた法律・規律・命令といった遺産の軌跡を明らかにする。アメリカのジム・クロウ法（人種差別的内容を含む米国南部の州法の総称）、南アフリカのアパルトヘイト、オーストラリアの白豪主義に見られるように、白人至上主義は法制度や経済的システムだけでなく、建物や都市という形で具現化され、物質的な影響をおよぼす全世界レベルの体制となってきた。反人種主義建築は、こうした弾圧的制度を解体し、人間の解放を目指す建築を構想することで、人種差別的な占領、ジェントリフィケーション（空間の質の向上や高級化）、環境破壊に挑む。富の蓄積、非人間化（人を人以下の存在として捉え扱うこと）、治安維持、区画化、大量投獄のうえに築かれた自由市場である資本主義と連携する建築に対しては異議を唱える。

種類

- **反人種主義、反カースト主義の建築**は、人種・カースト・法制度や経済システムの具現化による人々の支配、弾圧の関連性について考察する。反人種主義的、反カースト主義的建築は、統制、支配、弾圧の装置としての権力に奉仕する建築に疑問を投げかけて反対し、駆逐する。
- **廃止主義建築**（p.196参照）は、投獄や取り締まり、監視の撤廃を求めるとともに、永続的な代替案を作成する。このアプローチは、現代の刑務所制度における奴隷制度とその遺産の関係を提示する。

応用

反人種主義的アプローチは、人種差別的なモニュメント、搾取の仕組み、富の蓄積、人体を対象とした商品化をすべて解体し、真に公平公正で、尊厳のある空間に置き換えることを目指す。より公平で反人種主義的な未来を探求し、森林伐採、先住民族の土地への冒涜や占領および破壊、環境を荒廃させるような価値体系を見直して、世界をより良い場所とする生態学的および社会的正義の形を模索する。

図：人種差別の社会的・生態学的影響を超えた都市や建築を構想する過程で、アフロ・フューチャリズム（p.176参照）のイメージは、暴力や被支配から守られ、繁栄する社会のビジョンを描く。

094

フェミニスト・シティ

女性、ノンバイナリー、トランスジェンダーの人々のニーズに応えるデザイン

フェミニスト・シティは、さまざまな計画や実際の空間に対するフェミニスト批評を網羅した都市である。従来のデザイン手法や方針が、女性やノンバイナリー、トランスジェンダーの人々のニーズをいかに見過ごし、ないがしろにしてきたかということに気づいているデザイナーもいるはずだ。フェミニスト・シティは、男性が男性のためにデザインした従来の都市に対する挑戦であり、新たな選択肢となる。公共空間の特性から安全性・コミュニティの考え方にいたるまで、あらゆることを再検証するのだ。都市に対するフェミニスト批判では、支援、生産活動、出産・育児のための空間、集団的支援の建築、アクセシビリティへの課題、街路についての観察、手頃な価格、ゾーニング規制が考慮される。現在の都市の単なる「女性版」を模索するのではなく、建物、公園、広場、街路に存在する社会的不平等や、郊外や農村部よりも都市部に集中する富の蓄積の非対称性にも焦点を当てる。世界について考える方法として、都市的レベルにおけるフェミニストの構想は、経済政策、開発戦略、ゾーニング規制、ジェントリフィケーションやその他の排除行為への抵抗を目的としている。すべての人、特に理想化された平均的な人の基準に当てはまらない人々を念頭に置いて計画・建設されたコミュニティを支援し、ともに生きるための新たな方法の策定について探求する。

種類

- **交差あるいは相互連動する構想**は、デザインが人種、カースト、性別、障がいの有無、身分の問題にどのように向き合うかを扱う。都市やその代替案の可能性について考えるとき、さまざまな抑圧状態の交差や連動を考慮する。このタイプのデザインは、より包摂的でより幅広い人々のニーズを考慮したものである。
- **トランス・フェミニスト構想**（都市の文脈における）で重要視されているのは、性別、身体、セクシャリティ間の流動性を統合しながら、フェミニストの権利を維持するための社会的抵抗の形態を明確にすることだ。デザインの哲学と実践においては、ある場所から別の場所へ、そしてあるアイデンティティから別のアイデンティティへと安心して移行できる空間を創造することが、トランス・フェミニストのアプローチとなる。

応用

フェミニスト・シティは最終的には、都市的条件の慣例や課題のすべてを打破する。より具体的にいえば、交差的・連動的・トランス的なフェミニズムアプローチを通して都市について思考することとは、ある空間における違いを肯定的に共存させることである。そこにある建築空間は、労働、福祉、安心感、コミュニティが中心となり、人間関係やつながり、実践を強化する。

註：フェミニスト・シティの詳細は、学者レスリー・カーンの著作『フェミニスト・シティ』（2022年、東辻賢治郎 訳、晶文社）およびノファイナ・デ・ヨングによる「Multiplicity of Other（他者の多様性）」（2021年）を参照。
　　フェミニスト・シティのモデルには、女性やノンバイナリーの人々に配慮してデザインされた建物や空間があり、世代を超えたコミュニティケアや支援のためのスペース（尊厳のある生活のためのスペース、健康的な食品へのアクセス、教育、健康、出産についての支援など）が備えられていることが多い。
図：フェミニスト・シティの構想には、シモーン・リーによる代表的なモニュメントや、リナ・ボ・バルディ、カーラ・フアサバ、マリアム・カマラ、グラフトン・アーキテクツ、スマイヤ・ヴァリーといった建築家によるプロジェクトが挙げられるだろう。その他にも匿名のグループや団体による多くのプロジェクトがある。

095

自己持続型の建築

建築の耐久性およびメンテナンスに関する
すべての側面に取り組む

自己持続型の建築は包括的なアプローチであり、建物・街・都市のエコロジカルで再生可能な建設とメンテナンスを実現するために、すべての要素、エネルギー、取り組み、ネットワーク、関係性および実践を考慮している。構造物・人・環境のバランスに依存しており、外部からの資源に頼らず、また環境を害することなく、建築自体とその居住者の生活を維持することができる。なるべく自給自足で維持できるようにデザインされており、建築を自然の延長として、またその逆も然りと考える、より大きな社会的・文化的戦略の一部であるといえる。これらの建築では、建物の機能、食物の生産、緑地の維持管理に使用する雨水を回収・保管・再利用することが考慮されている。自己持続型のアプローチは、建物および都市の双方のスケールにおいて資源の無駄使いを減らし、耐久性・柔軟性・適応力を推進する特徴によって長期の入居を計画し提供すること、あらゆる社会的および生態学的な影響の修復、再生を目指す。

これらの概念は自己持続型であること、地球の荒廃を招かずに人々のニーズに応えるための戦略を練ることを主張する。また、主権を強化するとともに、社会的・経済的活動を推進して高品質かつ非階層的な生活様式を全員に提供する。都市または地域のスケールにおける自己持続型モデルでは、社会の全メンバーから構成されるガバナンスと経済の計画が結びついている。これらのシステムを通じて目指すのは、健康、交通、エネルギーインフラなど、尊厳のある生活を支援・維持するために必要なすべての資源を発展させることだ。

種類

- **エコ建築**は、建物のスケールで自己持続性に取り組む。真のエコロジカル建築は建設資材からエネルギー戦略、建物が担う社会的機能にいたるまで、すべてのスケールや形の相互作用を考慮する。エコ建築は自己持続性および主権に対する戦略のより大きなネットワークのなかのノード（節点）である。
- **エコ都市**は、エコ建築のすべての原則を、コミュニティや社会のスケールに適用する。人々や環境を守るシステムを促進するインフラを作りあげながらも、人類の生活がその他の生態環境にもたらす影響を最小限に抑えるようにデザインされている。

応用

気候危機がより切迫するにつれて、自己持続型の建築の実現はますます喫緊の課題となっている。技術の発展によって太陽光発電パネルや風力原動機の導入がより一般的になったが、自己持続型の建築はそれらのあらゆる装置が開発されるよりはるか昔から存在していた。広い見識や深い知識、エコロジーへの意識の組み合わせによって、使い捨ての建物や、過剰な蓄積とごみで溢れかえった都市の中心部につながるようなシステムについて再考することを促す。

図：制御された環境を備えた半自律的な温室と雨水収集のための貯水池を組み合わせた結果、自己持続型の建築が生まれることがある。同様の構造は、極端な気候環境や他の惑星での生命の可能性を研究するためにも開発されてきた。

096

バーチャル・シティ

コンピュータ上にのみ存在する
都市的条件のデザイン

バーチャル・シティはサイバー空間のコンピュータネットワーク上にあり、概念的なコミュニケーション環境に存在する場所である。コンピュータ上ではありつつも、バーチャル・シティは実際の都市のデジタル版でもある。実物の都市に倣った品質や特性を十分に持ち合わせていることが多く、実際の都市空間のイメージや体験に類似したものを作りだす。さまざまな形を取り、一人の制作者やグループ、さらにはコンピュータによる自動生成によって二次元・三次元モデルを作ることができる。また、デジタル技術を通じて、これらの居住可能なバーチャル空間は無限のデザイン、状況、ルール、美を提示し続けることができる。バーチャル・シティはゲーム、シミュレーションおよび現実とは別の人生を楽しめる都市であり、ユーザーが自身の現実の人生に類似した、もしくはまったく異なったルール・価値観・交流を体験することができる。コンピュータ、レンダリングエンジン、VRヘッドセット、ゲーム機の中に存在するこれらの仮想空間は、パリ、ナイジェリアのラゴス、ニューヨークなどの実際の都市を模倣することも、もしくは実際の都市と同等の解像度や活気がある完全な空想都市とすることもできる。バーチャル・シティは多様な方法で体験することができ、こうした環境で交流する方法の一つは、アバター、もしくはバーチャル空間におけるユーザーのデジタル描写を利用することだ。アバターは人や動物、ロボット、または無生物のオブジェクトを模倣するなど、諸々の姿になりうる。多様なアクティビティのために都市を利用する居住者や一般市民から、バーチャルな都市空間を発展させることを目的としたプランナーやデザイナーまで、さまざまな関与の仕方がある。

種類

- **バーチャル・シミュレーション**は、現実に見られる行動、パターン、ロジックを模倣するデジタルな世界である。これらの没入型かつ参加型のバーチャル環境はメタバース、または現実を模倣したデジタル・ワールドとも呼ばれる。メタバースには都市のほかにも草、雨、川、虫といったリアルな要素を取り入れた風景など、多様な環境がある。
- **バーチャル・ユートピア**は、必ずしも現実世界からの影響や模倣がないような、非現実的な環境を描いている。特徴としては、自身の見た目を自由に選択できたり、超人的な能力を発揮したり、空を飛んだり、他の惑星や次元に行ったりすることが挙げられる。

応用

技術が発展していくにつれ、都市計画において現実世界での変更を実施する前に、さまざまなシナリオを実験し、最適解を導くためにバーチャル・シティを利用できる。また、都市計画やデザインの教育のために利用することもできる。さらには、ビデオゲームや映画などのように、純粋なエンターテインメントを目的として利用することも可能だ。

註：バーチャル・シティの黎明期における実験は、ビデオゲーム、軍事用シミュレーションのプラットフォーム、調査研究、あるいはデザイナーやアーティスト（ツァオ・フェイ、アンドレアス・アンジェリダキス、フォレンジック・アーキテクチャー、ジャコルビー・サッターホワイト、クリス・マルケルなど）の作品に見ることができる。
図：エンターテインメントのため、あるいは調査用のツールや実験的プラットフォームとして、バーチャルの建築・空間・都市は現実世界への影響をもたらす可能性を幅広く提案する。

097

プレイグラウンド・シティ

人間がプレイヤーとなる遊びの空間を考える

プレイグランド・シティでは、すべての人がプレイヤーである。都市は仕事や生産のためのインフラであることよりも、人々が喜びを感じ、自由に遊ぶことのできる場所となるのだ。そこでは、すべての居住者が楽しめることを目的にデザインされた建築、ランドスケープ、空間、構造物が存在する。つまらない作業、仕事、ルーティンは自発的な交流や企画された遊び（グループワークのゲーム）に置き換えられる。公園や遊び場、その他のレクリエーション施設によって人々が屋外を満喫するようになるのと同じように、プレイグラウンド・シティでは都市そのものがレクリエーションや活発な生活を送る空間となる。遊びというものを基本的な人間活動と考えるさまざまな哲学に基づいており、ここで掲げる「遊ぶ」という概念は世界中の人の人生や活動において明白でとても重要な要素となっている。「遊びのなかで」あるいは「遊びとして」文明が発生し、展開してきたのだ。この意味での「遊び」は、仕事、さらには文化よりも優先され、それはまた人間に特有のものではない。なぜなら、他の動物も遊ぶことを楽しむからである。人間活動としての遊びは、人々とその周辺環境、人と時間のあいだに多様なつながりを構築することである。これらの関係性において、遊びは自発的な活動であると同時に不真面目という運命にある。なぜなら、遊びは自発的なものであり、真面目に「命令に従う遊び」はもはや遊びとは呼べないからだ。

種類

- **企画された遊びのための建築**は、ルールや制約がある遊びを促すためのデザインによって構成されている。これらの建築はプレイグラウンド・シティのなかで集団的または個別の遊びを可能とするための枠組みやパラメーターを展開する。企画された遊びはスポーツにもっとも近い行為である。
- **自発的な遊びのための建築**は、遊びの可能性を刺激する人工物、要素、構造物である。プレイグラウンド・シティでは、人々は遊びたいときに個人もしくはグループで自由に遊ぶことができる。これらの建築はそういったことを可能にする。

応用

遊びのために考案された都市においては、コミュニティ内のすべてのメンバーを対象として、さまざまな年代グループ、身体的能力、感性を考慮する必要がある。人々が楽しむための空間や時間を提供することによって、またコミュニティの意識を醸成させることにより、「遊び」が人々の生活をより良くすることができるという考えに基づいている。すべての都市が遊ぶためにデザインされているわけではないが、プレイグラウンド・シティの原理は多くの居住空間に適用することができる。娯楽、好奇心、楽しみが日常生活の原動力となる暮らしのモデルとして利用することができるのだ。

註：人生観としての遊びの事例については、ヨハン・ホイジンガ著の『ホモ・ルーデンス　文化のもつ遊びの要素についてのある定義づけの試み』（2018年、里見元一郎 訳、講談社）の「ホモ・ルーデンス（プレイヤーとしての人間）」の概念を参照。
図：プレイグラウンド・シティは遊びのための建築やランドスケープによってのみ実現可能である。この港では、さまざまなプレイグラウンド、ハーバー・バス（自然のプール）、水上の劇場や映画館など、アクセスしやすい遊び場やエンターテインメントを提供している。

098

リレーショナリティ

種、生物、無生物の関係のためのデザイン

リレーショナリティは、すべてのものが互いに関係していることを認める特性や状態である。世界中に点在する多くの先住民族のフラットな存在論から学びながら、生物と無生物、ビルト（建てられたもの）とアンビルト（実現しなかったもの）がどのようにして互いに関連し合っているかを取り扱う。すべての行動はシステム、モノ、存在、要素、資源のネットワークのなかでつながっている。生態系および無生物的生態系の建築であるリレーショナリティは、アカウンタビリティ（説明責任）、責任、フィードバックについての空想である。地球上から取りだされたすべてのものは補充、もしくは交換しなければならないという考えが根底にある。リレーショナリティは生物と無生物、人と物質のあいだに存在する関係性を認識する能力である。建築の重要な側面であり、このような関係性を感じ取る能力によって人々はそれぞれの周辺環境とつながり、自身もその環境の一部であり、環境もまた自身の重要な一部であると感じることができる。リレーショナリティは社会的、文化的、環境的、政治的、経済的な要因を統合した総合的アプローチを追求しており、デザインの意思決定を行う際にも、それぞれの関係性のなかで世界にどのような影響があるのかを考慮する。建物は人々の経験だけではなく、たとえば壁を構成するレンガや、室内に取り込まれる空気の旅とつながる器と見ることもできる。サステイナビリティの文脈では、リレーショナリティはさまざまな要素が互いにつながる方法なのだ。建物のデザイン方法が周囲の環境に影響を与え、人の空間の使い方が自身の幸福やあらゆる周辺環境に影響を及ぼす可能性がある。

種類

- **フラットな存在論**は、いかなる階級制度や中心も持たない世界についての説明を提示する。フラットな存在論において、人間は世界の中心ではなく、地球も宇宙の中心ではない。むしろ、すべてのものが事物のネットワークの一部である。
- **オブジェクト指向存在論**は、世界と宇宙についての研究であるとともに、すべてのものはオブジェクトと関係性、オブジェクト同士の関係性であることを支持する。この哲学では、オブジェクトやハイパーオブジェクト（巨大なオブジェクト）はその他の多くのオブジェクトに影響を与える。

応用

フラットな存在論とオブジェクト指向存在論はどちらも、持続可能性やエコロジーと関係する建築には便利な知識分野である。なぜなら、モノの相互関係、小さすぎるオブジェクトや捉えきれない現象の重要性を理解するうえで役に立つからだ。デザイナーがさまざまな要素のあいだにある関係性に配慮するようになれば、あらゆる行動・プロジェクト・計画の長期的な影響を考慮して、情報に基づいたより良い決断を下すことができる。

図：アント・ファームの「イルカ大使館」やラルフ・アースキンによるエコロジカルな北極圏の街といったプロジェクトでは、建築は環境や異種間の関係性をつなぐリンクとして利用される。多様な建築により、異なる気候条件にまたがるリレーショナリティに対応できる。

099

プラネタリー・デザイン

地球規模の課題に取り組むデザイン哲学

地域、集団、経済や法のシステム、美観上のパラメーターといった特定のニーズに対応する建築が存在する一方で、プラネタリー・デザインはグローバルな規模の緊急課題に関係している。気候変動、海面上昇、軍事紛争、技術力の進化、エネルギー消費、採鉱、歴史的および潜在的な絶滅の危機といった課題に取り組んでいるのだ。デザイナー、政策立案者、科学者、活動家が緊急の課題を特定し、その関わり方や解決策を考える。プラネタリー・デザインは地球上の人間やその他の生命の存在を可能にしている多くの関連分野を考慮に入れている。これらの分野は地形学的なプロセス、エコロジカルな幸福、ソーシャル・ダイナミクス（社会的交流）、気象現象を含む幅広い範囲のパラメーターから構成される。建築的な課題やアプローチについて見れば、それぞれのプロジェクトが世界に影響を及ぼすフットプリントを持っていることが挙げられるだろう。これらの建築は政治的・社会的関係性、材料および労働条件、気象や環境への影響という、世界的規模のネットワークの一部として考えられ、総合的に概観すると、地球の状態に明らかな影響を及ぼす。世界中で進行するプロジェクトの建設工事を個々の出来事と見なすのではなく、気温の変動、温室効果ガスの排出、資源の管理における政治的影響および紛争、自然や人への配慮よりも優先される経済的影響、清潔な空気や飲料水を得る権利のシステムの一部として捉えることが必要だ。

種類

- **大気のデザイン**は、生命を補助する環境を可能にしている、さまざまな構成要素を取り扱う。これは建設業界による排出物から再生可能な建設技術まで、あらゆるものを含む。
- **海洋のデザイン**は、海洋がどのようにして開発や産業の影響を受けているかに着目する。水域に直接に起こることだけでなく、大気や地質的な変化がどのようにして生命と生態系に影響を与えるかを説明する。
- **大地のデザイン**は、地形学的なプロセスや建築・建設・産業に結びついた資源抽出や変更によって、地球がどのような影響を受けるかを強調する。

応用

プラネタリー・デザイナーはそれぞれのプロジェクトがどのようにして貧困、健康、セキュリティ、生命、主権に関係しているのかを考える。地球での生命を可能とする複数の要素を理解することで、現在だけでなく、次の世代のためにも建築のフットプリントに寄与する、より賢明なデザインを作りだすことを目指している。多くの現代建築、科学、政治、哲学に関する議論がデザインにおける地球規模でのアプローチの重要性と緊急性について急激に警鐘を鳴らし始めたが、世界各地の思想家たちは自然環境に敏感であり、生命を包み込む宇宙論のシステムから見た地球と、歴史を通じたあらゆる関係性において関わってきたのだ。

図：プラネタリー・アプローチを通じて、山岳地帯の都市や高層ビル、インフラのフットプリントがどれほどのものであり、他のコミュニティや環境にどのような影響を与えるのか、また、エネルギーを供給する製油所における空気の品質、石油の抽出の際に海洋に与える影響について理解できるだろう。

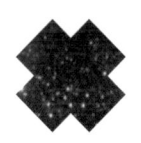

100

インターギャラクティック・デザイン

宇宙空間における構造物の
思索的で科学的なデザイン

インターギャラクティックな（銀河間の）建築は、地球という惑星を超えた次元に生活し、探検することについて思い描く。SFと科学研究の組み合わせであるこれらの建築は、技術的知識、エンジニアリングへの好奇心、建築的想像力を駆使して、宇宙空間、他の惑星や銀河系での居住可能性、あるいは無人の状況というシナリオの可能性を構築する。宇宙空間での生活についてのプロジェクトやビジョンは何世代にもわたって建築的想像の一部であり、宇宙についての知識が深まるにつれて進化してきた。これらの建築が持ちうる潜在的な特徴として、生命を維持でき、極端な環境条件に耐え、長距離移動が可能で、他の惑星や銀河系との通信が可能なことが挙げられる。インターギャラクティックな建築を考えるとき、デザイナーはメンテナンスが少ない、あるいはメンテナンスフリーなデザインを考えだす必要がある。また、建築や機械設備の部材を修理して提供するために、追加の設備や施設を設けるためのデザインも必要だ。長距離の移動が必要となるため、とてつもなく長い時間を考慮するとともに、宇宙空間でどのように時間が変化するかを見込む必要がある。こういった想像では、その発案者が経験した状況やその希望を反映することも多い。その例が、都市郊外でのライフスタイルを宇宙空間で送ることを想像させるアニメーションや、かつての鉱山労働者が住んでいたような狭小空間を模した建築を描く映画である。

種類

- **インタープラネタリー**（惑星間の）**建築**は、他の惑星に特有の性質を取りあげるデザインである。圧力、温度、鉱物の構成、地理的な特徴を考慮に入れる。
- **インターギャラクティック**（銀河間の）**建築**は、銀河間を移動するために必要とされる極端な条件や技術について検討する。計り知れないほどの長い距離で動作しながらも、比較的短時間で膨大な距離を移動するためのワームホール（時空の抜け道）やハイパースペース（光速を超えて移動できる宇宙空間）といった銀河的現象に対応できるようにする必要がある。
- **インターユニバーサル**（宇宙間の）**建築**は、独自の物理法則を持つ無数の銀河が存在するというマルチバースや、この銀河の代替版がいくつも存在する並行世界の可能性についての理論を取り扱う。

応用

この建築を考えることは、地球上のデザイナーにとって利点もある。コンパクトで質素な居住環境を新しい技術進歩とともに提示し、理論物理学のさまざまな問いに対する回答を示すことで、デザイナーは新しい建築を考えることができる。新しく、より強力なコンピュータの開発によって、多様な力や圧力下での人体や物体の行動を推測するために、仮想シミュレーションが役に立つかもしれない。大気の有無、大小の天体付近での環境、または重力、磁力、光、音、熱のあらゆる形態との相互作用の形を通じて、より精度の高い描写ができる。

註：インターギャラクティックな建築のイメージの多くはすでに地球上で開発された技術やデザインを統合したものであるが、生活、通信、（遠距離）移動の新しい方法を発明する者も存在する。
図：SF、天体物理学、航空宇宙工学の重層分野で、インターギャラクティックな建築は果てしなく広がる宇宙空間での暮らしや移動方法を考案し、天体や天文現象と相互に作用する。

用語集

- **アーバニズム**は、集団的な人間の居住を可能にする、都市・街・インフラの研究。

- **アクソメ**は、三次元の体積を平行投影として表現する図面の一種。

- **アシンメトリー**は、互いに向き合っているか、軸の周りにあったりする部分や要素が異なった配置になっていること。

- **インフラ**は、建物や都市が機能するために必要な基礎的なシステム、要素、構成部材、設備。

- **開口部**は、壁に設けられている窓やドアなど。

- **計画**（プランニング）は、場所、構造物、またはデザインの特性を考慮して準備を行うこと。

- **形式的**とは、要素、構成部材、構造の形状、形、図を表すために使用される用語。本来、すべての物質には形があるため、非形式的な建築は存在しない。

- **郊外**とは、都市よりも低密度で、プログラムの混在が少ないよう設計されたエリア。

- **コラージュ**は、画像を並置したり重ね合わせたりして、新しい構成を作りだすこと。

- **ジェントリフィケーション**は、都市部における経済的、政治的、社会的な圧力によって住民が追いだされ、より裕福な人々が住むようになること。

- **シンメトリー**は、互いに向かい合ったり軸の周りにあったりする部分がバランスよく配置されていること。

- **スケール**は、物事のサイズを互いに比較するために使用される数値や基準。建築では、スケール（縮尺）を使用して、大きな物の縮小版を作成することができる。

- **製作**（ファブリケーション）は、構成要素や部品を製造するプロセス。

- **タイポロジー**（類型学）は、類似した特徴を持つプロジェクトをグループ化するための分類法。

- **タブラ・ラサ**は、白紙のキャンバスがあり、プロジェクトが一から始められるという考え方を指す。

- **多様なモダニティ**とは、モダニズムの一元的な物語に対する対抗点として使用され、進歩や未来に対する異なるアプローチを含む。

- **断面図**は、地平線に対して垂直方向に切断された建物のボリューム、構造、エリアを表示する。

- **抽出・採掘**は、地球から資源を取りだす行為。この概念は、コミュニティや生態系から資源を引きだす行為にも適用される。

- **透視図**（パースペクティブ）は、人間の視覚に似た空間の奥行きを模倣する図面や画像。

- **都市的**（アーバン）とは、都市、街、または類似の空間において人間が集団で居住している状態。

- **ハイテク**は、プロジェクトの設計に最新の先進技術を取り入れること。

- **ファサード**は、建物の外部の面、壁、視認できる構成要素。

- **プレハブ**建築は、あらかじめ工場や現場で製造された構造物や構成部材。

- **プログラム**は、建物、構造物、空間の使用、利用、計画された活動に対応する。プログラムは、デザインやコンピュータソフトウェアを指す場合もある。

- **文脈**（コンテクスト）とは、プロジェクトの周囲に存在する要素。これには、物質的、社会的、環境的な特性が含まれる。

- **平面図**は、上から見た構造物、エリア、建物の二次元的な表現であり、地面にあるさまざまな要素。

- **ポシェ**は、建築の平面図や断面図において、塗りつぶしやクロスハッチングで表現された、ソリッドな範囲や到達不可能なスペース。

- **ムーブメント**は、デザイナー、アーティスト、建築家などが共通の美学的・概念的・建設的な戦略やアプローチを共有した歴史的な時代。

- **モジュラリティ**は、繰り返し使われる要素（モジュール）の体系。

- **モダニズム**は、19世紀後半から20世紀にかけて、新しい材料と工業生産方法を使用することに関心を持った特定の時代。

- **モデル**は、デザインの特性を研究するため、またはプロジェクトに関するアイデアを伝えるために作られるデジタルもしくは物理的なオブジェクト。

- **モニュメンタリティ**は、建築、景観、インフラを使用して、権力、支配、豊かさ、富を象徴するための壮大なジェスチャーを作りだすこと。

- **様式**は、特定の特徴や原則によって、建築を認識しやすいものとする。

- **要素**または**構成部材**は、建物や空間の部品、たとえば柱、壁、ベンチ、階段など。

- **ランドスケープ**は、要素、植生、構造物、建物などを含む土地の領域。

謝辞

本書を、私たちのすばらしい子どもエマ・ユイザリックスへ

そして未来に捧げる。

本書は、多様な集団的知性から生まれた成果である。私たちが「建築」と呼ぶものについての考え方、教え方、実践の仕方に対する一種の考察であり、挑戦でもある。そのためには、想像され、恐れられながらも望まれてきた、身の回りの構築された環境や破壊されてしまった環境が持つ、さまざまな側面・力・特徴について論じる必要があると考えている。

私たちは、時代や地理的な距離を超えて、幅広い人々に届けられる教育方法を信じている。本書は、自分を取り巻く環境について想いを巡らせる子どもたちから、この世界の物質的な変化に積極的に関わる指導者、デザインの専門家、政策立案者にいたるまで、考え、デザインし、夢見るあらゆる世代の人々が手に取りやすいツールとして制作した。

本書は、過去15年間にわたる私たちWAI Architecture Think Tankとしての惑星規模の実践を継承するものであり、LOUDREADERSシリーズで培われた議論や豊富な参考文献に基づいている。その他にも、教鞭を執っているアイオワ州立大学とコロンビア大学、過去に教えていたバージニア工科大学、イリノイ大学アーバナ・シャンペーン校、カーネギーメロン大学、ネブラスカ大学リンカーン校、旧タリアセン建築学校、さらには講演を行ってきた多くの大学、研究所、学校、ラボ、ワークショップ、プラットフォームで出会った多くの素晴らしい学生、同僚、友人たちとの無数の刺激的なやりとりがこの本の支えとなった。

本書は、Rockport PublishersおよびQuarto Booksのジョナサン・シムコスキー氏、デイビッド・マルティネル氏、そしてチームの尽力なしには実現することができなかった。また、すべての書籍プロジェクトで中心的役割を果たしてくれたロナルド・フランコフスキ氏にこれ以上ない感謝を捧げたい。編集について重要な助言をくれたダン・J・ローチ氏、デザインと編集過程でフィードバックをくれたタマル・シャフリル氏、アブドゥル・クトゥブ氏、サミハ・ミーム氏にも感謝している。

長きにわたってサポートしてくれたアリス・グランドイト＝シュトゥカ氏、ジャスティン・ギャレット・ムーア氏、ミシェル・ガルノー氏、ジェス・マイヤーズ氏、デボラ・ハウプトマン氏、ダグ・スペ

ンサー氏、ウラジミール・クーリック氏、アンドレス・ハケ氏、イバン・ムヌネラ氏、フランシスコ・ハビエル・ロドリゲス氏、アーロン・ベツキー氏、エンリック・ルイス・ヘリ氏、ジェフリー・L・デイ氏、メアリー＝ルー・アースコット氏、ステファン・グルーバー氏、レグナー・ラモス氏、チェン・ハオ氏、リー・シャン氏、ノラ・ウェンドル氏、オザイール・サロジー氏、数多くの素晴らしい同僚や同志の皆にも心より感謝する。

本書はまた、『In.Forma Journal』（プエルトリコ大学）の「Networks of Solidarity（連帯のネットワーク）」号および『Journal of Architectural Education』の「Reparations!」号といった、同時進行した編集プロジェクトからも多大な恩恵を受けている。イルゼ・ウルフ氏、ノラ・アカウィ氏、ルイス・オトニエル・ローザ氏との数々のディスカッション、V.ミッチ・マキュアン氏との編集作業、メイベル・O・ウィルソン氏、ラシーダ・フィリップス氏、キーアンガ＝ヤマッタ・テイラー氏とのインタビューも、本書における重要な問いにいたる背景となった。

私たちのコラージュ作品の構築を支える概念的・歴史的・物語的な世界は、アレクサンドラ・ミュラー氏、フランツィスカ・ストール氏、ペドロ・ガダーニョ氏のキュレーション・プロジェクトから大いに恩恵を受けており、これらの作品はポンピドゥー・センター・メス、ニュルンベルクの新美術館、リスボンの美術・建築・技術の博物館、ニューヨーク近代美術館の展覧会で展示された。また、シカゴ建築ビエンナーレ初回展示に作品を含めてくれたサラ・ヘルダ氏とジョセフ・グリマ氏にも感謝したい。

Post-Novis Collective（ルイス・オトニエル・ローザ氏、ヒラリー・ワイズ氏、ホリー・クレイグ氏、オフィーリア・S・チャン氏、ローズ・フロリアン氏、ココ・オルレッド氏、クリストファー・レイ・ペレス氏）、およびすべてのLOUDREADERSのメンバーにも、大きな刺激を受け続けている。

そして、素晴らしいアイデン・ジャハイムとエマ・ユイザリックスに、心からの感謝を。

クルス・ガルシア＆ナタリー・フランコウスキー

著者について

WAI Architecture Think Tankは、建築とアーバニズムの政治的、歴史的、物質的な遺産とその必然性に問いを投げかける、地球規模で活動するスタジオである。プエルトリコ出身の建築家、アーティスト、キュレーター、教育者、著者、理論家であるクルス・ガルシアと、フランス出身の建築家、アーティスト、キュレーター、教育者、著者、詩人であるナタリー・フランコウスキーにより設立された。WAIは、無料の代替教育プラット・フォームおよび職業訓練校であるLOUDREADERSや、脱専門的なコレクティブであるPost-Novisといった、さまざまなパブリックエンゲージメントの一つである。

ガルシアとフランコウスキーは、アイオワ州立大学で准教授を務め、ガルシアはアクティビズム分野、フランコウスキーは解放的実践分野における批判的未来のためのデザインフェローとして活躍している。また、ニューヨーク市においてコロンビア大学のAADプログラムでも教鞭を執る。その作品は、ポンピドゥー・センター・メス、ニュルンベルクの新美術館、リスボンの美術・建築・技術の博物館、ニューヨーク近代美術館、シカゴ建築ビエンナーレ、ヴェネツィア建築ビエンナーレなどで展示されている。

著書には本書の『Universal Principles of Architecture』(2023年、Rockport Publishers)、『Narrative Architecture: A Kynical Manifesto』(2020年、nai010 Publishers)、『Pure Hardcore Icons: A Manifesto on Pure Form in Architecture』(2013年、Artifice Press)、『A Manual of Anti-Racist Architecture Education』(2022年、Oddi Printing) などがある。

ナタリー・フランコウスキー ＆ クルス・ガルシア、
そして彼らの子どもエマ・ユイザリックス

www.waithinktank.com

索引

建築アイデア
大全100

未来を形づくる、
創造的な手法と思想

2025年1月15日　初版第1刷発行

著者：クルス・ガルシア、ナタリー・フランコウスキー、
　　　WAI Architecture Think Tank
訳者：牧尾晴喜

発行人：上原哲郎
発行所：株式会社ビー・エヌ・エヌ
〒150-0022
東京都渋谷区恵比寿南一丁目20番6号
Fax：03-5725-1511
E-mail：info@bnn.co.jp
http://www.bnn.co.jp/

印刷・製本：シナノ印刷株式会社

版権コーディネート：須鼻美緒
翻訳協力：株式会社フレーズクレーズ（上田麻紀、池ヶ谷優子、横井友紀）
デザイン：LABORATORIES（加藤賢策、林 宏香）
編集：松岡 優

ISBN978-4-8025-1314-2
Printed in Japan